ER! DER MANN

Alison Grambs

ER!

Der Mann – ein liebevoller Leitfaden

Aus dem Amerikanischen
übersetzt von Madeleine Lampe

Schwarzkopf & Schwarzkopf

Für Mum, Dad und Tommy,
die mir auf jeder Reise ein
sicheres Gefühl geben.

Inhalt

Einleitung 9

1. Vor der Abreise 13

2. Sitten und Gebräuche 21

3. Mannsprech – die Sprache der Männer 61

4. Einkaufen im Männerland 75

5. Paarungsrituale im Männerland 117

6. Die Aufenthaltsverlängerung 133

7. Der Antrag auf Einbürgerung 145

8. Das Leben im Männerland 165

Männerland: Wissenswertes

- *Nationalgewächs:* Giftefeu
- *Bezeichnung der Einheimischen:* Mann, Idiot, Trottel, Freundchen, Niete, Arsch, Typ, Hey!
- *Nationales Motto:* »Hä?«
- *Erster Siedler:* Adam
- *Staatsfeind:* die Frau
- *Verbündeter:* der Hund
- *Bodenschätze:* Gas
- *Einwohnerzahl:* viele
- *Klima:* (siehe »Das Klima im Männerland«, Seite 25)
- *Durchschnittlicher IQ:* vom Grad der Nüchternheit abhängig
- *Nationalgericht:* Pizza
- *Nationalgetränk:* Bier
- *Nationalsport:* alles, bei dem gestöhnt und geschwitzt wird und Knochen brechen
- *Nationaltracht:* ein T-Shirt von 1990 mit Flecken unter den Achseln, eine ehemals graue Jogginghose, die jetzt ansatzweise schwarz ist, und ehemals weiße Turnschuhe, die jetzt grau sind
- *Nationale Freizeitbeschäftigung:* alle Sportarten, die man vom Sofa aus sehen kann
- *Spitznamen für das Land:* Niemannsland
- *Bevorzugte sportliche Betätigung:* Masturbation
- *Heimische Wirtschaft:* Bierbäuche

Einleitung

»Das Coole am Berühmtsein ist, dass man reisen kann. Ich wollte schon immer nach Übersee reisen, nach Kanada und so.«
Britney Spears

Es gibt ein paar Dinge, die man immer einpackt, wenn man in ein fremdes Land reist: den Reisepass, ein paar Travellerschecks, Hygieneartikel, feste Schuhe und hoffentlich auch saubere Unterwäsche. Aber wichtiger als alles andere ist ein Reiseführer. Ob man nun nach Paris fliegt, um vom Eiffelturm herunterzuspucken, oder nach Griechenland, um seinen Namen am Parthenon zu verewigen, ein Reiseführer hilft dabei, sich an die kulturellen Gegebenheiten anzupassen und peinliche Auftritte in der Öffentlichkeit auf ein Mindestmaß zu reduzieren.

Man muss ihn nur aufschlagen und schon weiß man, wie man einen römischen Gladiator im Kolosseum nach dem Weg zur Toilette fragt. Und was noch wichtiger ist: Man versteht die Antwort, so dass man sich nicht an der falschen Stelle erleichtert. Ein Reiseführer zeigt, wie man in Indien eine Mahlzeit bestellt, so dass man Affenhirn auf Eis nur dann bekommt, wenn man Affenhirn auf Eis auch bekommen *will*. Ein Reiseführer klärt einen über wichtige Feiertage auf, die man beachten sollte, wenn man mit der Königin von England Tee trinkt, er weist einen auf Sitten und Gebräuche hin, die man respektieren sollte, wenn man in Ägypten an einem Kamelrennen teilnimmt, und er informiert einen über die Fußgängerampeln in China, so dass man nicht von den sechs Milliarden Menschen überfahren wird, die dort mit dem Fahrrad unterwegs sind.

Mit anderen Worten, ein Reiseführer sorgt bei einer Reise in ein fremdes Land dafür, dass man sich, sagen wir mal, nicht ganz so fremd fühlt. Es ist wirklich erstaunlich, dass es Reiseführer über Südafrika und den Nordpol, über Australien und sogar über jenes gottverlassene Fleckchen Erde namens Tuvalu gibt. Es gibt Bücher über so gut wie jeden exotischen Ort, den man sich nur vorstellen kann. Mit Ausnahme von einem: dem geheimnisvollsten, gefährlichsten und furchterregendsten Land überhaupt.

Dem Männerland.

Jahrhundertelang wurde von Frauen erwartet, dass sie sich ohne jeden Leitfaden einen Weg durch diesen irritierenden Dschungel der männlichen Spezies bahnen. Wir Frauen verloren den Verstand bei dem Versuch, das männliche Herz, die männliche Psyche, die männliche Körpersprache und die männlichen Verhaltensweisen bei einer Verabredung verstehen zu wollen. Wir waren gezwungen zu raten, was einen Mann glücklich oder traurig macht. Was es bedeutet, wenn ein Mann einen beim ersten Date zu einem Hotdogstand ausführt. Welche tiefen Gefühle ein Mann zu vermitteln versucht, wenn er einen fahren lässt. Oder was ein Mann ausdrücken will, wenn er sagt: »Ich liebe dich«, während er sich an den Eiern kratzt.

Aber keine Angst. Hilfe naht. Dieses Buch entmystifiziert das männliche Geschlecht ein für alle Mal: Die überaus komplizierte

Sprache Mannsprech wird übersetzt, die Gesten, Gesichtsausdrücke und Grunzgeräusche werden entschlüsselt. Nach Lektüre dieses Buches weiß frau ganz genau, was sie zu erwarten hat, wenn sie sich mit diesem Wesen einlässt, das zum Frühstück kalte Pizza isst und die Fernbedienung als Verlängerung der vorderen Gliedmaßen ansieht. All die seltsamen Rituale der Männerwelt werden endlich enthüllt! Die bizarren Traditionen. Die anscheinend unlogischen Verhaltensweisen. Das rückständige Kommunikationssystem und die unverständlichen Ausdrucksweisen. Endlich gibt es keine Geheimnisse mehr, meine Damen! Ihr steht kurz davor, zu lernen, wie Männer ticken und was sie zum Austicken bringt. Alles, was man über dieses verstörende und etwas einfältige Geschöpf wissen muss, steht in diesem Buch.

Also schnallt euch an und macht euch bereit für die wichtigste Reise eures Lebens. Wir hoffen, dass ihr euren Aufenthalt im Männerland genießen werdet – oder zumindest überleben. Es ist vielleicht eine Männerwelt da draußen, aber von nun an werdet ihr möglicherweise nicht mehr ganz so verloren in ihr sein.

KAPITEL 1

Vor der Abreise

»Eine Reise von tausend Meilen beginnt mit einem einzigen Schritt.« Laotse

Du hast dir also ein paar Tage Urlaub genommen, ein Flugticket besorgt und bist endlich bereit, deine Reise ins Männerland anzutreten. Egal, ob es sich um einen Tagesausflug, einen Wochenendtrip oder um einen dauerhaften Aufenthalt handelt, du kannst es kaum erwarten, dass es losgeht. Aber bevor du dich in die sprichwörtliche Höhle des Löwen, die Heimat der Männer, begibst, solltest du dich noch um ein paar Dinge kümmern.

To-do-Liste

1. Teile deinen Angehörigen mit, dass du dich auf eine lebensgefährliche Reise begibst, so dass sie einen Suchtrupp losschicken können, wenn du nicht zurückkehren solltest.
2. Entledige dich aller deiner Zimmerpflanzen. Es ist besser, Sterbehilfe zu leisten, als sie langsam vertrocknen zu lassen.
3. Achte darauf, dass der Hund und die Katze versorgt sind. (Überprüfe aber zuerst, ob du überhaupt einen Hund oder eine Katze hast.)

4. Hinterlasse eine Nachricht an deiner Tür, auf der steht: »Liebe Einbrecher, ich bin nicht daheim. Bitte bleibt draußen. Danke!«
5. Lösche alle alten Nachrichten deiner Mutter von deinem Anrufbeantworter, um Platz für all die nervenden Nachrichten zu schaffen, die sie hinterlassen wird, während du weg bist: »Um Himmels willen! Warum rufst du nicht zurück? Ist alles in Ordnung? Ich rufe die Polizei …«

Reisetipp: Mit leichtem Gepäck reisen

Der Mann ist von Natur aus ein unkompliziertes Wesen und er möchte, dass die Frau es ebenfalls ist. Wenn man also im Männerland eine neue Beziehung eingeht, empfiehlt es sich, emotionale Altlasten sozusagen vor der Tür zurückzulassen. Der Mann lebt im Hier und Jetzt. Er interessiert sich nicht für deine Vergangenheit. Eigentlich wünschte er, du hättest gar keine.

Wichtige Reiseutensilien

Ins Männerland zu reisen ist schön und gut, aber man sollte dort gut vorbereitet ankommen, wenn man überleben will. Wie bei jeder anderen Reise auch sollte man bestimmte Dinge unbedingt bei sich haben. Diese Kleinigkeiten können das Zünglein an der Waage sein, wenn es darum geht, ob dies die beste Reise deines Lebens oder aber ein Horrortrip wird. Achte also darauf, folgende Dinge mitzunehmen:

Gepäck-Checkliste

1. Händedesinfektionsmittel
2. Desinfizierende Reinigungsmittel
3. Kondome
4. Saubere Unterwäsche
5. Eine Yogamatte und andere Meditationshilfen, die du brauchst, wenn du das Gefühl hast durchzudrehen
6. Extra starke Kopfschmerztabletten
7. Einweg-Toilettensitzabdeckungen
8. Bargeld für Notfälle – damit du dir ein Taxi nehmen kannst, wenn alles furchtbar schiefgelaufen ist
9. Personalausweis (den richtigen, nicht den, auf dem steht, dass du 18 oder »natürlich« blond bist)
10. Haarspray, um deine Frisur größer (und somit bedrohlicher) erscheinen zu lassen
11. Abdeckstift – denn die Tränensäcke unter deinen Augen werden nicht von allein verschwinden.
12. Mundspray (Doch, das brauchst du.)
13. Ein aufgeladenes Handy mit den Nummern des Notrufs, deines Psychiaters und deiner Mutter auf den Schnellwahltasten
14. Flache Schuhe für den Fall, dass du dich schnell aus dem Staub machen musst, und hohe Schuhe für den Fall, dass du dich für den nuttigen Look entscheidest
15. Einwegrasierer
16. Alle möglichen Hygieneartikel, die man während der Reise brauchen könnte, aber die Namen dieser Produkte solltest du aus Gründen der Intimsphäre schwärzen (besonders bei dem Mittel gegen den unaussprechlichen Juckreiz an der unaussprechlichen Stelle).

»Mann-tras«

Im Notfall ist es wichtig, einige meditative Kräfte wecken zu können. Sieh dir die folgenden Mann-tras an. Präge sie dir gut ein. Immer, wenn dich auf deiner Reise ins Männerland etwas aus der Fassung gebracht hat, such dir einen stillen (und einigermaßen sauberen) Ort, setz dich in den Schneidersitz und sag folgende Sätze auf. Das kann dein Leben retten. Oder dich zumindest davor bewahren, in eine Anstalt eingewiesen zu werden.

1. Männer sind eigentlich wie Frauen … sie haben nur kleinere Brüste und mehr Haare im Gesicht.
2. Im Zweifelsfall sollte man davon ausgehen, dass das männliche Gehirn nicht mit voller Leistung arbeitet.
3. Man kann alles essen, wenn man Ketchup drauftut.
4. Der Ausdruck »sauber« ist relativ.
5. Was im Männerland passiert, bleibt im Männerland … (Außer man war so dumm und hat Fotos gemacht, in diesem Fall ist man geliefert.)
6. Man kann einen Mann vom Fernseher weglocken, aber man kann ihn nicht dazu bringen, den Fernseher abzuschalten.
7. Penizillin hilft gegen alles.
8. Ein Mann hält, was er verspricht … oder was sein Kreditrahmen verspricht.
9. Alle Männer sind gleich … gleich dämlich.
10. Ich kann immer noch lesbisch werden.

Die Entwicklung des Mannes

Um den Mann zu verstehen, muss man zuerst verstehen, wie der Mann zu dem wurde, was er heute ist ... ein Idiot.

Es gibt zwei Theorien über die Mannwerdung. Schließ dich der Theorie an, die dich spirituell mehr anspricht. Oder der, die dich beim Lesen weniger Zeit kostet. Du hast die Wahl.

Die Schöpfungstheorie

Am siebten Tag der ersten Woche in der Geschichte der Welt erschuf Gott den Garten Eden – nebenbei bemerkt an der Stelle, wo sich heute Las Vegas befindet. Anfangs hatte der Ort nicht viel zu bieten. Also schuf Gott noch etwas Grünzeug, ein paar knuddelige Tiere, einen riesigen Wasserfall, eine Schlucht und hier und da ein paar Berge. Das war wirklich nett anzusehen. Aber irgendetwas fehlte noch. Es gab niemanden, der sich an dem Garten erfreuen (oder die Hecke schneiden) konnte.

Und so erschuf Gott den Mann. Er nahm einen Erdklumpen, machte so etwas wie eine Herz-Lungen-Massage und hauchte einem seltsam aussehenden Wesen mit behaartem Rücken und Geheimratsecken auf wundersame Weise Leben ein. Gott nannte diese Kreatur »Adam«, aber um die Wahrheit zu sagen, »Adam« sah eher aus wie ein »Horst«. Zu Gottes Enttäuschung machte Adam/Horst nicht viel, nachdem er erschaffen worden war. Er lief Tag und Nacht im Paradies herum und blies Trübsal, wobei er die ganze Zeit vor sich hin grummelte, weil es kein Kabelfernsehen und keine Chips gab. Er weigerte sich, Kleidung zu tragen, was er damit begründete, dass Boxershorts ihm keinen »Halt« gäben und Slips ihn »einengten«. Er brachte auch nie den Müll raus oder dachte daran, den Ficus zu gießen. Er ließ überall im

Paradies Abfall herumliegen und mähte nicht ein einziges Mal den Rasen. Und das Schlimmste von allem: Er fasste sich ständig in den Schritt – und das in aller Öffentlichkeit.

Es dauerte nicht lange und Gott sah ein, dass er auf ganzer Linie versagt hatte. Offensichtlich war Adam/Horst nicht in der Lage, allein klarzukommen. Er war ein Körper ohne Gehirn. Gott fühlte sich bereits unheimlich schlecht, weil er das völlig absurde Schnabeltier erschaffen hatte, und so bemühte er sich redlich, seinen Fehler wiedergutzumachen. Er zog Adam/Horst eins über, entfernte ihm eine Rippe und machte daraus eine neue, verbesserte Version des Mannes: die Frau. Gott nannte dieses wunderschöne, perfekte Geschöpf Eva, obwohl sie eigentlich mehr wie ein Lieschen aussah. Er stellte Eva/Lieschen Adam/Horst vor, der als scharfsinniger Denker, der er nun einmal war, bemerkte: »Wow! Die ist heiß!« Eva/Lieschen brachte Adam/Horst bei, sich auszudrücken, zu denken, Haute Couture aus einem Feigenblatt zu kreieren und Essensreste aufzuwärmen – solche Dinge eben. Sie schaffte es sogar, das Paradies auf Vordermann zu bringen.

Und so lebten Adam/Horst und Eva/Lieschen glücklich miteinander bis ans Ende ihrer Tage. (Natürlich nur bis zu diesem unsäglichen Vorfall mit der Schlange und dem Apfel ... Aber warum soll man immer nur das Negative betonen?)

Die Evolutionstheorie

Vor langer, langer Zeit, noch vor der Zähmung des Feuers und der Erfindung schnurloser Telefone, bevölkerten zwei verfeindete Affenclane die Erde: der Clan der Einen und der Clan der Anderen. Die Einen waren ein gemeiner Haufen Affen, die keinen Respekt vor der Natur hatten und ihre Bananenschalen überall herumliegen ließen. Die Anderen waren diese Dreistigkeit schließlich leid und erklärten den Einen den Krieg. Immerhin stand die Zukunft der Affen auf dem Spiel. Der Kampf war blutig und brutal. Während der ersten Runden hatte es den Anschein, als würden die Anderen ausgelöscht werden. Aber dann schrie eine Zuschauerin – ein besonders kluges weibliches Mitglied der Anderen namens Tallulah – aus vollem Halse von der Tribüne:

»Hey, ihr Idioten! Warum versucht ihr nicht mal, aufrecht zu gehen? Ihr werdet viel besser kämpfen können, wenn ihr die Hände frei habt.«

In den Reihen der Anderen stellte sich ein Affe nach dem anderen auf die hinteren Gliedmaßen und plötzlich standen sie aufrecht. Die Affen der Einen spotteten über diese dämlich aussehenden Affen und die Art, wie sie kämpften, und machten selbst auf allen vieren weiter. Doch wer zuletzt lacht, lacht am besten, und so besiegten die Anderen die Einen in der großen Schlacht. Sie kehrten als Helden nach Hause zurück. Um ihren Sieg zu feiern, gingen die Affensoldaten zum Wasserloch um die Ecke. Sie wollten dort einen feuchtfröhlichen Abend verbringen und viele Bananen schälen.

Wieder stieß Tallulah, die halbtags kellnerte, um ihre Ausbildung zur Chiropraktikerin zu finanzieren, die Dummheit ihrer Mitaffen sauer auf. Die Dummköpfe, die sich abmühten, ihre Festtagsbananen mit den Zähnen zu schälen und ihre Bierdosen an Steinen aufzuklopfen, taten ihr leid. Wieder rief sie den Narren etwas zu:

»Hey, ihr Idioten! Warum benutzt ihr Jungs nicht eure opponierbaren Daumen, um die Bananen zu schälen und die Dosen zu öffnen? Das würde euch eine Menge Zeit sparen.«

Und so machten sie es dann auch. Wieder spotteten die Einen über dieses lächerliche Benehmen. Und wieder wurden sie eines Besseren belehrt, denn jeder Homo erectus (wie sie die Anderen zum Spaß nannten) konnte jetzt nicht nur Bierdosen öffnen, sondern auch trampen, Lianen zu wunderschönen Ketten und Armbändern flechten – und nicht zu vergessen Schach spielen. Aber der Sieg des Homo erectus war nur kurzlebig, denn eines Tages kam eine gewaltige Hitzewelle über das Land. Unter ihren dicken Fellen litten die Affen auf der ganzen Welt und fielen durch Hitzschläge um wie die Fliegen. Wieder einmal hatte Dr. Tallulah (sie war inzwischen eine zugelassene Chiropraktikerin) die rettende Idee: »Hey, ihr Idioten! Warum benutzt ihr nicht den Stein mit den scharfen Kanten, der da hinten liegt, und rasiert euch damit die Körperbehaarung ab? Das wird euch Abkühlung verschaffen.« (Schönheitssalons wurden erst im Pleistozän erfunden.)

Selbstverständlich machten sich die Affen der Einen über diese dumme Idee lustig – und starben schließlich an Dehydrierung. Aber der Homo erectus hatte gelernt, dass Dr. Tallulah wusste, wovon sie sprach. Weg mit den lästigen Armhaaren, den juckenden Fußhaaren, den Haaren auf den Schultern und dem Rücken! Mit ihrer glatten, kühlen Haut, den multifunktionalen Daumen und dem sexy Gang war es die Spezies des Homo erectus, die sich durchsetzte. Diese Affen entwickelten sich zu absoluten Frauentypen und stiegen sozial und intellektuell auf – sie fuhren Cabrios, veranstalteten Fußballspiele, gingen auf die Uni und arbeiteten an der Börse. Letztendlich entwickelte sich der Homo erectus zum Mann von heute.

Und was wurde aus diesen kleinen Affen vom Clan der Einen, die nicht auf Dr. Tallulah hören wollten? Tja, die wurden in die Zoos gesperrt ... oder treten heute in schlechten Fernsehserien auf.

KAPITEL 2

Sitten und Gebräuche

»Wenn man das Essen ablehnt, die Sitten und Gebräuche ignoriert, sich vor der Religion fürchtet und die Menschen meidet, sollte man vielleicht besser zu Hause bleiben.«
James A. Michener

Sicher hast du schon mal den Spruch »Andere Länder, andere Sitten« gehört. Aber das bedeutet nicht, dass man *alles* tun darf, was die Einheimischen machen. Im Prinzip ist es jedoch eine gute Grundregel, wenn man auf Reisen geht.

Man sollte über die wichtigsten australischen Feiertage Bescheid wissen, wenn man einen Ausflug ans andere Ende der Welt plant. Und man sollte sich mit den besonderen Gepflogenheiten der dort ansässigen Stämme vertraut machen, wenn man einen Trip ins Amazonasgebiet organisiert. Genauso ratsam ist es, sich über die männliche »Kultur« und die gängigen Bräuche zu informieren, wenn man ins Männerland reist. Je mehr man über das Gastland weiß, umso besser kann man sich anpassen. Und je besser man sich anpasst, umso wahrscheinlicher ist es, dass man sich nicht zum Narren macht und den Rest des weiblichen Geschlechts nicht blamiert. Lasst uns also die wichtigsten Fakten über das Männerland lernen!

Feiertage, Wochentage und Hauptsaisons des Männerlandes

Ganz wichtig für die Anpassung an die Männerkultur ist es, das einzigartige System der Termine, Wochentage, Saisons und Feiertage zu verstehen. Es ist erwartungsgemäß ein wenig kompliziert und unlogisch, also mach dir keine Sorgen, falls du nicht gleich durchsteigst.

Die Wochentage

Der Mann nimmt seine Woche wirklich ernst. Die Bezeichnungen der Wochentage im Männerland klingen vielleicht wie die Bezeichnungen unserer Wochentage, aber der Unterschied besteht darin, dass die Männerwoche sich völlig um die *Sportschau* am Samstag dreht, ein Ereignis, das gleichzusetzen ist mit heiligen Festtagen in anderen, normaleren Ländern. So schwierig dieser Code auch zu begreifen sein mag, der Kalender des Mannes darf von keiner Touristin oder Besucherin in irgendeiner Weise in Frage gestellt oder korrigiert werden. Anders als die Frau ist der Mann nämlich nicht in der Lage, an etwas anderes als das runde Leder zu denken.

- ➔ *Montag:* noch fünf Tage bis zur *Sportschau*
- ➔ *Dienstag:* noch vier Tage bis zur *Sportschau*
- ➔ *Mittwoch:* noch drei Tage bis zur *Sportschau*
- ➔ *Donnerstag:* noch zwei Tage bis zur *Sportschau*
- ➔ *Freitag:* noch ein Tag bis zur *Sportschau*
- ➔ *Samstag:* der Tag der *Sportschau*
- ➔ *Sonntag:* der Tag nach der *Sportschau*

Die Monate

Die Frau unterscheidet die Monate des Jahres ganz selbstlos, indem sie sie mit den Geburtstagen ihrer Lieben und mit wichtigen Feiertagen in Verbindung bringt, an denen man die Taten der Vorfahren zelebriert. Der Kalender des Mannes ist ein wenig egozentrischer.

- *Januar:* Der Monat, in dem der Mann seine Kreditkartenabrechnung aus der Weihnachtszeit anknurrt.
- *Februar:* Der Monat, in dem der Mann einem Valentinstagsgeschenke kauft, die man nicht haben will und auch nicht zurückgeben kann, weil er den Kassenbon verloren hat.
- *März:* Der Monat, in dem der Mann so tut, als wäre er Ire, damit er eine Entschuldigung hat, wenn er sich am Saint Patrick's Day 24 Stunden lang besäuft.
- *April:* Der Monat, in dem der Mann alle Ostereier, die man für die Kinder versteckt hat, findet und aufisst.
- *Mai:* Der Monat, in dem der Mann daran denken muss, seiner Mutter Blumen zu schenken.
- *Juni:* Der Monat, in dem der Mann seinem Vater die gleiche Krawatte kauft, die er ihm seit seinem sechsten Lebensjahr schenkt.
- *Juli:* Der Monat, in dem der Mann sich unweigerlich die Finger verbrennt, weil er unbedingt mit seinen Kumpels grillen will.
- *August:* Der Monat, in dem der Mann unter den Achseln müffelt, obwohl er geduscht hat.
- *September:* Der Monat, in dem der Mann beginnt, vom Formel-1-Finale zu reden, obwohl noch Monate bis dahin vergehen.

- *Oktober:* Der Monat, in dem der Mann sich vom Oktoberfest erholen muss, bei dem er täglich zehn Maß getrunken haben will.
- *November:* Der Monat, in dem es dem Mann langsam vor der nahenden Winterpause der Bundesliga graut.
- *Dezember:* Der Monat, in dem der Mann sich am liebsten verkriechen würde, weil die Frau das ganze Haus mit Lichterketten und allerlei Schnickschnack dekoriert.

Wichtige Männerland-Ereignisse

Im Männerland sind alle Einwohner, ob jung oder alt, durch folgende wichtige Ereignisse der Geschichte geprägt.

- *11. September 1945:* die Geburt von Franz Beckenbauer
- *4. Juli 1954:* Deutschland wird Fußballweltmeister
- *1. Juni 1961:* Die Antibabypille kommt auf den deutschen Markt
- *24. August 1963:* Die erste Bundesligasaison wird angepfiffen
- *1. Juli 1967:* Pamela Anderson wird geboren
- *7. Juli 1974:* Deutschland wird zum zweiten Mal Fußballweltmeister
- *8. Juli 1990:* Deutschland holt zum dritten Mal den Fußballweltmeistertitel
- *19. Februar 1995:* Pamela Anderson heiratet Tommy Lee
- *29. September 1995:* Die Sony Playstation kommt auf den europäischen Markt
- *April 1997:* Das Sexvideo von Pamela Anderson und Tommy Lee gelangt an die Öffentlichkeit

- *28. Juni 1997:* Mike Tyson beißt ein Stück von Evander Holyfields Ohr ab
- *April 1999:* Pamela Anderson lässt sich die Brustimplantate entfernen
- *24. November 2000:* Die Sony Playstation 2 kommt auf den europäischen Markt
- *1. Februar 2004:* Janet Jackson entblößt mit tatkräftiger Unterstützung von Justin Timberlake beim Super Bowl eine Brustwarze.
- *1. September 2005:* Die Sony Playstation Portable kommt auf den europäischen Markt
- *9. Juni – 9. Juli 2006:* Fußball-WM im eigenen Land
- *29. Juli 2006:* Pamela Anderson heiratet Kid Rock
- *27. November 2006:* Pamela Anderson lässt sich von Kid Rock scheiden
- *3. Juni 2007:* Paris Hilton muss ins Gefängnis
- *7. Juni 2007:* Paris Hilton kommt aus dem Gefängnis frei
- *13. Juni 2007:* Paris Hilton muss zurück ins Gefängnis
- *März 2008:* Paris Hilton ist mit Benji Madden von Good Charlotte zusammen

Die vier Hauptsaisons im Männerland

Fußball-Saison
Formel-1-Saison
Handball-Saison
Eishockey-Saison

Das Klima im Männerland

Das Wetter im Männerland kann unberechenbar sein – es hängt von der Jahreszeit und dem genauen Ort des Besuchs ab. Es kann sich auch als schwierig herausstellen, die Wetteraussichten zu analysieren, wenn man sich im Männerland aufhält, denn der Mann kommuniziert eine Vorhersage auf äußerst bizarre Weise. Er sagt nicht einfach so banale Sätze wie »Es ist kalt« oder »Es ist heiß«. Nein, der Mann individualisiert das Wetter. Wenn man also wissen will, ob man bei einem Ausflug einen Regenschirm mitnehmen soll, muss man wissen, wie man die Wetterprognose des Mannes zu interpretieren hat.

Der Mann sagt: »Was für Nippel!«
Prognose: »Es ist ein wenig frisch draußen, also zieh dich warm an.«
Der Mann sagt: »Meine Achselhöhlen müffeln.«
Übersetzung: »Es ist ziemlich schwül.«

Der Mann sagt: »Verdammt. Das Spiel wird ausfallen.«
Übersetzung: »Die Niederschlagswahrscheinlichkeit ist hoch und es wird möglicherweise regnen.«

Der Mann sagt: »In dieser Jacke siehst du dämlich aus.«
Übersetzung: »Es ist ziemlich warm für die Jahreszeit.«

Der Mann sagt: »Du solltest heute besonders viel Haarspray benutzen.«
Übersetzung: »Es weht ein starker Nordwind.«

Im Männerland die Zeit erfragen

Es folgt ein Beispiel für einen alltäglichen Dialog über die Zeit im Männerland. Ein solches Zwiegespräch ist für förmliche Situationen, aber auch für die Umgangssprache typisch.

Frage: »Wie spät ist es?« Der Mann antwortet: »Keine Ahnung. Guck doch auf die Uhr.«

Der Mann sagt: »Heilige Scheiße! Meine Pisse ist gefroren.«
Übersetzung: »Es herrschen arktische Temperaturen weit unter dem Gefrierpunkt.«

Der Mann sagt: »Ich muss Schneeketten aufziehen.«
Übersetzung: »Es schneit.«

Der Mann sagt: »Mir frieren die Eier ab.«
Übersetzung: »Es ist ziemlich kalt draußen.«

Der Mann sagt: »Mir klebt der Arsch am Stuhl fest.«
Übersetzung: »Es wird vor Hitzschlägen gewarnt.«

Der Mann sagt: »Du solltest heute eher keine Wimperntusche benutzen.«
Übersetzung: »Es muss den ganzen Tag über mit Regenschauern gerechnet werden.«

Währung und Reisekosten

Ein Glück für alle Billigreisenden ist, dass Geld nicht die bevorzugte Währung im Männerland ist. Die Bürger des Männerlandes haben stattdessen ein ausgeklügeltes Tauschsystem entwickelt, das den Bedürfnissen ihrer Gesellschaft mehr entspricht. Hier die Liste mit den gängigen Regeln des Tauschhandels:

Dein Wunsch: Eine Fußmassage.
Der Preis: Ein von dir serviertes eisgekühltes Bier.

Dein Wunsch: Der Mann soll den Müll rausbringen.
Der Preis: Zeig ihm deine Brüste einmal.

Dein Wunsch: Der Mann soll den Müll rausbringen, ohne zu murren.
Der Preis: Zeig ihm deine Brüste zweimal.

Dein Wunsch: Eine Ganzkörpermassage.
Der Preis: Eine volle Stunde absoluter Ruhe.

Dein Wunsch: Der Mann soll mit dem Hund Gassi gehen.
Der Preis: Du tauschst diese Ratte von einem Hund gegen einen Deutschen Schäferhund ein.

Dein Wunsch: Der Mann soll die Spülmaschine einräumen.
Der Preis: Karten für ein Fußballspiel.

Dein Wunsch: Der Mann soll deine Mutter zum Flughafen bringen.
Der Preis: Karten für das DFB-Pokal-Finale.

Dein Wunsch: Der Mann soll seinen Pokerabend absagen.
Der Preis: Sex ohne anschließendes Kuscheln.

Dein Wunsch: Der Mann soll sich einen Frauenfilm mit dir ansehen.
Der Preis: Ein Jahresabo der Zeitschrift *FHM*.

Dein Wunsch: Der Mann soll mit dir in den Supermarkt einkaufen gehen.
Der Preis: Der Mann darf die Lebensmittel aussuchen und sie essen, während er dir in den Supermarktgängen Gesellschaft leistet.

Dein Wunsch: Der Mann soll dir Tampons kaufen.
Der Preis: Du darfst PMS einen Monat lang nicht als Ausrede benutzen.

Dein Wunsch: Der Mann soll sich nicht wie ein Idiot aufführen.
Der Preis: Du darfst fünf Minuten lang nicht an ihm herumnörgeln.

Dein Wunsch: Der Mann soll all seine Pornos wegschmeißen.
Der Preis: Du machst all die Sachen, die die Kleine in den Pornos gemacht hat.

Dein Wunsch: Der Mann soll aufhören zu schnarchen.
Der Preis: Du darfst ihm die Decke nicht mehr klauen.

Dein Wunsch: Der Mann soll die Wäsche waschen.
Der Preis: Du legst sie zusammen.

Dein Wunsch: Der Mann soll über seine Gefühle reden.
Der Preis: Du sprichst nicht über deine eigenen.

Dein Wunsch: Der Mann soll immer den Toilettensitz runterklappen.
Der Preis: Du lernst, an der Stange zu tanzen.

Das metrische System des Männerlandes

Es ist dir vielleicht bereits aufgefallen, dass im Männerland alles anders ist. Das metrische System bildet da keine Ausnahme.

1 Zentimeter = 2,5 männliche Zentimeter
(Das ist ähnlich wie mit dem Gewichtssystem der Frau:
1 Kilo = ½ weibliches Kilo)

Autofahren im Männerland

Durch die weitläufige Landschaft des Männerlandes zu fahren kann eine aufregende Sache sein, aber man sollte mit Vorsicht an dieses Vorhaben herangehen. Obwohl bekannt ist, dass der weibliche Fahrer dem männlichen überlegen ist, hat der Mann mit seiner rückständigen Kultur diese Tatsache noch nicht anerkannt, was zu unfairen Kontrollen und Spötteleien über die Fahrkünste der Frau führt. Man kann sich schützen, indem man sich auf die Prinzipien des Fahrens im Männerland vorbereitet:

Verkehrszeichen und ihre Bedeutung im Männerland

Genauso wenig wie es einen Sinn ergibt, dass die Engländer auf der falschen Straßenseite fahren und im Auto auf der falschen Seite sitzen, ergibt nichts, was der Mann hinter dem Steuer anstellt, irgendeinen Sinn. Er fährt nach seinen eigenen Regeln und interpretiert die Verkehrszeichen so, dass sie seinen Bedürfnissen entsprechen. Autofahren ist für die Frau im Männerland also kein Privileg, sondern eine Nahtoderfahrung.

Stopp: Ein bisschen langsamer werden und weiterfahren.

Wendeverbot: Sich versichern, dass kein Bulle in der Nähe ist. Wenn die Luft rein ist, wenden.

Vorfahrt gewähren: Geschwindigkeit beibehalten. Aber Achtung, es besteht Unfallgefahr.

Verengte Fahrbahn: In die vor einem liegende Straße rasen und beten, dass nichts passiert.

Rechts abbiegen verboten: Nach Bullen Ausschau halten und dann schnell nach rechts abbiegen.

Fußgängerüberweg: Geschwindigkeit beibehalten, aber Schlangenlinien fahren, um keine Fußgänger zu erwischen.

Höchstgeschwindigkeit 80 km/h: Empfohlene Höchstgeschwindigkeit, man sollte aber versuchen, schneller zu fahren, ohne einen Strafzettel zu bekommen.

Überholverbot: Überholen, solange man einen Fünf-Zentimeter-Spielraum hat und die Überlebenschancen gut stehen.

Tankstelle: Ignorieren und nicht anhalten, egal wie leer der Tank schon ist.

Einfahrt verboten: Scheiß drauf – einfach weiterfahren.

Parken verboten: Fluchen, spucken und dem Zeichen den großen Stinkefinger zeigen. Dann mit quietschenden Reifen davonfahren.

Schleudergefahr bei Nässe oder verschmutzter Fahrbahn: Aufs Gas treten.

Wildwechsel: Das Wild mit hoher Geschwindigkeit jagen.

Rote Ampel: Weiterfahren und einen Satz aus *Ein ausgekochtes Schlitzohr* zitieren.

Autos und ihre Bedeutung im Männerland

In manchen Kulturen heißt es, die Augen seien die Fenster zur Seele. Im Männerland sagt man dagegen, dass das Auto das Fenster zur Seele ist. Das Auto, das ein Mann fährt, sagt eine Menge über ihn aus. Es folgt eine Liste mit den gängigsten Charaktertypen und den Autos, hinter denen sie sich verstecken:

Knallroter Sportwagen: »Ich habe einen kleinen Penis und ein noch kleineres Gehirn.«

Cabrio: »Ich bin unbekümmert und meine Haare sind echt.«

Offener Jeep: »Ich wäre so gern Amerikaner, der weiß, wie man mit einer Knarre umgeht.«

Hybridauto: »Ich bin umweltbewusst und eventuell schwul.«

Komfort-Geländewagen: »Einen richtigen Geländewagen kann ich mir nicht leisten.«

Minivan: »Ich habe zwanzig Kinder und eine dicke Frau.«

Riesiger Geländewagen: »Ich scheiß auf die Umwelt und kann dieses Ding beim besten Willen nicht parken.«

Kombi: »Ich bin neunzig Jahre alt und ein wenig senil.«

Motorrad: »Unter der Woche bin ich Buchhalter, aber an den Wochenenden ein Mitglied der Hell's Angels.«

Roller: »Mit einem Motorrad kann ich nicht umgehen, aber ich denke mal, dass die Schnallen den Unterschied nicht merken.«

Fahrrad: »Ich habe kein Geld, aber tolle Waden.«

Mit dem Mann Auto fahren

Falls man in die missliche Lage gerät und bei einer Rundfahrt durch das Männerland auf dem Beifahrersitz landet, sollte man wissen, dass es einige Grundregeln gibt, die man unbedingt befolgen muss. Das Auto ist des Mannes Baby. Es wäre verrückt, sich auf ein Löwenjunges zu stürzen, wenn man in Afrika auf Safari ist. Und genauso lebensmüde ist es, am Auto eines Mannes rumzupfuschen. Er *lebt* für sein Auto. Und er würde töten, wenn jemand auch nur seinen Becherhalter anfasst.

1. Wenn man mit einem Mann im Auto unterwegs ist und er sich verfährt, wird man feststellen, dass es ihm widerstrebt, das Naheliegendste zu tun: anzuhalten und nach dem Weg zu fragen. In diesem Fall sollte man so tun, als müsse man aufs Klo, und ihn bitten, an der nächsten Tankstelle anzuhalten. Während er annimmt, dass man wirklich nur auf die Toilette geht, sollte man sich in den Laden schleichen und den Kassierer nach dem Weg fragen.

2. Unter keinen Umständen sollte man seinen Lippenstift im Handschuhfach des Mannes verstauen, wenn man unterwegs ist. Er macht garantiert Flecken auf irgendeinem Schnickschnack, den der Mann seit circa 1987 darin aufbewahrt. Und dann wird der Mann für den Rest der Fahrt jammern und quengeln.

3. Wenn man vom Fahrersitz auf den Beifahrersitz wechselt, sollte man darauf achten, den Fahrersitz wieder in die vom Mann bevorzugte Position zu bringen. Der Mann kann mit Veränderungen nicht umgehen und er

rastet aus, wenn seine Beine plötzlich eingequetscht sind und das Lenkrad sich in seine Brust bohrt.

4. Egal, was du tust, mach niemals – ich wiederhole: *niemals* – am Radio herum.

5. Generell gilt, dass der Mann alle Fenster öffnet, wenn es draußen eiskalt ist, und dass er sie geschlossen hält, wenn gerade eine Hitzewelle über das Land hereingebrochen ist und die Klimaanlage kaputt ist. Um eine für die Gesundheit ungefährliche Körpertemperatur zu behalten, sollte man immer einen dicken Pullover und einen Beutel Eis dabeihaben.

6. Aus Gründen der Praktikabilität wäre es zwar logisch, aber angeblich ist der Rückspiegel nicht dazu da, das Make-up aufzufrischen. Man sollte lieber den Spiegel benutzen, der sich auf der Rückseite der Sonnenblende vor einem befindet. Dann gibt es weniger Streitereien – und Unfälle.

Die Körpersprache beim Autofahren

Ganz wie beim Schimpansen kann man die Gemütsverfassung des Mannes nicht nur an den seltsamen Lauten erkennen, die er von sich gibt, sondern auch an seiner Körpersprache. Es erspart einem eine Menge Kopfschmerzen, zu wissen, wie man zwischen den Zeilen lesen muss, wenn der Mann hinterm Steuer sitzt.

GESTE: Eine Hand am Steuer.
BEDEUTUNG: Der Mann hat noch eine Hand frei, um gelegentlich in der Nase bohren zu können.

GESTE: Beide Hände am Steuer.
BEDEUTUNG: Der Mann hatte ein Bier zu viel und versucht verzweifelt, zwischen den weißen Linien zu fahren.

GESTE: Ein Arm hängt aus dem Fenster.
BEDEUTUNG: Der Mann hat einen fahren lassen und versucht nun zu lüften.

GESTE: Er zeigt anderen Autofahrern den Stinkefinger.
BEDEUTUNG: Der Mann ist heute nicht sehr gesellig.

GESTE: Er schaut ununterbrochen in den Rückspiegel.
BEDEUTUNG: Der Mann hat entweder eine Verkehrsregel missachtet und wird von der Polizei verfolgt oder eine attraktive Frau in einem Cabrio fährt hinter ihm.

Berufsrisiken

Das Männerland bietet eine unheimlich große Auswahl an Jobs, vom Arbeiter bis zur Fachkraft. Aber man sollte sich vor den geheimen Bedeutungen der teilweise prestigeträchtig klingenden Berufe hüten: Im Männerland ist nichts, wie es scheint. Der Weg, den ein Mann beruflich eingeschlagen hat, sagt viel über ihn aus. Wissen ist Macht – die Frauen sollten wissen, welchem Mann sie ihre Nummer geben und welchem nicht …

- ➔ *Anwalt:* Reich, intelligent und du kannst keinen Streit gegen ihn gewinnen.
- ➔ *Architekt:* Detailversessen, nostalgisch, muss alles messen.
- ➔ *Balletttänzer:* Äußerst gelenkig, tendiert aber dazu, deine Klamotten anzuprobieren, wenn du nicht zu Hause bist.
- ➔ *Bankier:* Hat immer Bargeld bei sich, leidet aber unter einer krankhaften Angst vor Skimasken.
- ➔ *Bauarbeiter:* Hat einen unglaublichen Körper und kann richtig gut pfeifen.
- ➔ *Buchhalter:* Nicht gerade ein gewandter Gesprächspartner, aber ziemlich nützlich, wenn du deine Steuererklärung machen musst.
- ➔ *Busfahrer:* Kann dich in null Komma nichts ans andere Ende der Stadt bringen, ist aber von Hämorrhoidencreme abhängig.
- ➔ *Chefkoch:* Bereitet dir zum Frühstück, Mittag- und Abendessen leckere Gerichte zu, riecht aber immer nach Knoblauch.
- ➔ *Chirurg:* Hat die Persönlichkeit einer Reißzwecke, ist aber hervorragend geeignet, um den Sonntagsbraten zu tranchieren.
- ➔ *Computerfachmann:* Sieht aus wie ein Obertrottel und verbringt seine Tage mit Festplatten und im Internet.
- ➔ *Fast-Food-Verkäufer:* Leidet unter entsetzlicher Akne, kann aber jederzeit kostenlos Pommes besorgen.
- ➔ *Feuerwehrmann:* Unglaublich stark, männlich und mutig – und ein großer Fan von Bratwürstchen.
- ➔ *Fitnesstrainer:* Hat einen tollen Körper und möchte immerzu Armdrücken machen.
- ➔ *Flugbegleiter:* Schwul – bemüh dich nicht.

- *Gebrauchtwagenhändler:* Lügt, dass sich die Balken biegen, kann dir aber ein super Angebot für einen VW von 1975 machen.
- *Glasbläser:* Sehr beliebt bei Flugbegleitern.
- *Hundeausführer:* Kann gut mit Tieren, hat aber Schwierigkeiten im Umgang mit Menschen, außer sie haben ein Halsband um, an dem eine Leine befestigt ist.
- *Immobilienmakler:* Kennt die besten Gegenden und würde seine Mutter für eine dreiprozentige Provision verkaufen.
- *Innenarchitekt:* Hat ein Auge für Farben und Formen und versteht sich darauf, das Geld anderer Leute auszugeben.
- *Klempner:* Kann jeden Teil einer Frau freilegen, allerdings sieht man dabei seine Poritze.
- *Krankenpfleger:* Kann wirklich gut mit Kranken umgehen, hat aber einen Bettpfannenfimmel.
- *Lehrer:* Klug, geduldig und hat immer einen mittelharten Bleistift am Mann.
- *Leichenbestatter:* Spricht mit sanfter Stimme und verbreitet eine bedrückende Stimmung, kann dir aber ein paar wertvolle Schminktipps geben.
- *Mafioso:* Kann dir einen guten Preis für einen Pelzmantel heraushandeln – aber nur, wenn er den nächsten Tag erleben sollte.
- *Masseur:* Sehr körperbetont und hart an der Grenze zum Callboy.
- *Model:* Kennt seinen Namen, kann ihn aber wahrscheinlich nicht buchstabieren.
- *Museumswächter:* Lädt dich zu sich nach Hause ein, schreit dich aber an, wenn du irgendetwas von seinem Kram anfasst.

- *Musiker:* Unterhält dich mit faszinierenden Geschichten, während ihr zusammen speist – kann aber die Rechnung für das Essen nicht bezahlen.
- *Pilot:* Sieht toll aus in seiner Uniform und ist definitiv ein Mitglied des Mile High Clubs.
- *Politiker:* Möchte die Welt zu einem besseren Ort machen … (Und wenn du diesen Mist glaubst, hätte ich auch noch einen Teppich zu verkaufen!)
- *Polizist:* Riskiert sein Leben für seine Mitbürger – außer er ist gerade am Donutessen.
- *Postbote:* Der Erste, der die neuste Ausgabe des Playboy zu Gesicht bekommt, und der Letzte, der in der Öffentlichkeit kurze Hosen tragen sollte.
- *Priester:* Sorry, steht nicht zur Verfügung … also weiter.
- *Profisportler:* Reich, verwöhnt und gewillt, alles zu unterstützen.
- *Proktologe:* Auf medizinischem Gebiet sachkundig, arbeitet aber mit vielen Ärschen.
- *Psychiater:* Ein Verrückter, der sein Geld damit verdient, alle anderen davon zu überzeugen, dass sie verrückt sind.
- *Schauspieler:* Temperamentvoll, unsicher und geltungsbedürftig, kann dir aber Rabatt geben, wenn du während seiner Schicht in dem Restaurant auftauchst, in dem er arbeitet.
- *Schriftsteller:* Ein wütender Alkoholiker, der aber weiß, was ein Semikolon ist – und wie man es richtig benutzt!
- *Winzer:* Hat einen exquisiten Geschmack, besteht aber keinen Alkoholtest.
- *Zahnarzt:* Genießt es, anderen Leuten Schmerzen zuzufügen, hat aber weiße Kleidung salonfähig gemacht.

Sehenswürdigkeiten im Männerland

Nachdem man sich mit den Geschöpfen, die einem im Männerland begegnen können, vertraut gemacht hat, ist es an der Zeit, sie in ihrer natürlichen Umgebung zu beobachten. Glücklicherweise gibt es in den Weiten dieses Landes eine Vielzahl von Orten, an denen sich eine Touristin hinsetzen und die Einheimischen unter die Lupe nehmen kann. Es birgt Risiken, den Mann an einem der vorgeschlagenen Orte zu studieren, aber man wird einen wirklich guten Einblick in das Leben dieser Testosteron produzierenden Wesen erhalten und somit auf zukünftige Begegnungen besser vorbereitet sein. Man sollte lediglich darauf achten, immer etwas Desinfektionsmittel bei sich zu haben, denn viele dieser Bereiche können gesundheitsgefährdend sein.

1. **Das Badezimmer:** Das Badezimmer des Mannes ist der feuchte Traum eines jeden Biowissenschaftlers. Verschiedene Körperflüssigkeiten, einzellige Organismen und Reste von Körperpflegeprodukten koexistieren wie durch ein Wunder an diesem Schauplatz. Der Anblick und die Gerüche, die dieser Ort verströmt, sind einzigartig und man findet sie in keiner anderen Region der Erde.
   Ausrüstung: Um den Mann in dieser Umgebung gefahrlos beobachten zu können, *muss* man Schutzkleidung tragen, zum Beispiel ein Ganzkörperkondom. Außerdem benötigt man eine Nasenklammer sowie Ohrenstöpsel, Desinfektionsmittel und einen Gesundheitspass mit Angaben zu einer im Notfall zu verständigenden Person und der eigenen Blutgruppe, falls man ohnmächtig wird und ins nächste Krankenhaus gebracht werden muss.

Sehenswertes: Im Badezimmer des Mannes geschehen viele faszinierende Dinge. Dort pinkelt, wäscht, trocknet, rasiert und stylt sich der Mann nicht nur, sondern dies ist auch der Ort, an dem er am konzentriertesten nachdenkt. Viele der größten Denker in der Geschichte des Männerlandes gebaren ihre heute berühmten Theoreme und Logarithmen an genau diesem Ort. Wenn man Glück hat, wird man während der Besichtigung vielleicht Zeuge, wie das nächste Genie unseres Jahrhunderts einen Geistesblitz hat. (Wahrscheinlich nicht, aber eine Frau wird doch wohl noch träumen dürfen.)

2. **Der Stripclub:** Dies ist ein beliebter Ort im Rotlichtbezirk des Männerlandes. Dort geht der Mann hin, um mittelmäßiges Essen, verwässerte Drinks, schlechte Musik und riesige unechte Brüste zu genießen. Die Kundschaft ist ausnahmslos männlich, das Personal immer weiblich.
Ausrüstung: Antibakterielles Händedesinfektionsmittel.
Sehenswertes: In dieser Lokalität wird man am ehesten beobachten können, wie der Mann eine seiner Grundfunktionen ausübt: das Bespringen. Er bespringt die Tische. Er bespringt die Stühle. Er bespringt die Kellnerinnen. Er bespringt die Bühne. Aber keine Angst, dieses Verhalten ist in dieser Region des Männerlandes absolut normal. Tatsache ist, dass der Mann dazu regelrecht ermutigt wird.

3. **Eine Party zum Champions-League-Finale:** Ah, das Mekka des Mannes. Wenn man den Mann bei diesem Ereignis beobachtet, wird man Zeuge der primitivsten Verhaltensmuster des männlichen Geschlechts. Und da es nur

einmal im Jahr stattfindet, passieren dabei wirklich verrückte Sachen.
Ausrüstung: Ein riesiger Eimer Chips, Bier und noch mehr Bier, Ohrenstöpsel, eine Mütze mit dem Logo der favorisierten Mannschaft, eine Mütze mit dem Logo der anderen Mannschaft, Zigarren und ein Megaphon.
Sehenswertes: Dieses Ereignis fördert die animalischsten Instinkte des Mannes zutage. Er hüpft auf dem Sofa herum, schleudert Käsedip auf den Fernseher und schreit den Schiedsrichter an. Es wird gefurzt, gerülpst, geweint, gejubelt und gekotzt. Wenn das mal kein Spaß ist!

4. **Das Fitnessstudio:** Dorthin geht der Mann, um zu trainieren ... oder um so zu tun, als würde er trainieren ... oder um Mitglieder des anderen Geschlechts dabei zu beobachten, wie sie Männer beobachten, die trainieren.
Ausrüstung: Ein Sport-BH, ein sauberes Handtuch und eine Flasche Wasser.
Sehenswertes: Der Mann küsst seinen Bizeps. Der Mann bewundert seine Bauchmuskeln im Spiegel. Der Mann läuft alle fünf Sekunden zum Wasserspender. Der Mann schwitzt die Geräte voll und hinterlässt Schweißpfützen, in denen die anderen ausrutschen. Der Mann knurrt, wenn er mehr Gewicht stemmt, als der Trainer empfohlen hat. Der Mann brüllt vor Schmerz, wenn er merkt, dass es ein Fehler war, mehr Gewicht als vom Trainer empfohlen zu stemmen.

5. **Das Büro:** In dieser Umgebung muss der Mann je nach Fähigkeiten spezielle Aufgaben erledigen, um dafür einen Gehaltsscheck zu bekommen. Dieser Ort stimmt

den Mann nicht glücklich. Er repräsentiert all das, was in seinem Leben falsch läuft. An diesem Ort zeigt der Mann am ehesten Anzeichen von Stress und Kummer.

Ausrüstung: Ein Aktenvernichter, eine Flasche Whiskey und ein Furzkissen.

Sehenswertes: Der Mann schreibt etwas auf. Er tippt etwas. Er rauft sich die Haare. Seufzt laut. Kämpft mit dem Kopierer. Er spricht mittels eines seltsamen Dings, das in seinem Ohr steckt, mit unsichtbaren Leuten. Er geht auf und ab. Er diskutiert. Er versucht, Kolleginnen zu begrapschen.

Andere Formen der Unterhaltung

Wenn eine Touristin in London etwas Freizeit hat, sieht sie sich eine Aufführung im West End an. Wenn sie sich nach tagelanger Besichtigung des Kolosseums und der anderen historischen Ruinen Roms langweilt, geht sie in die Oper und sieht sich die neuste Inszenierung von *La Traviata* an. Um das Beste aus seinem Aufenthalt im Männerland zu machen, sollte man ausgehen und etwas Spaß auf Männerart haben.

Es gibt eine Menge Freizeitbeschäftigungen, denen man während eines Besuches im Männerland nachgehen kann. Die Bürger dieses amüsanten Landes sind beneidenswerte Experten auf dem Gebiet des Zeitvertreibs.

Ihre Fähigkeit, neue und aufregende Arten vergnüglicher Aktivitäten zu erfinden, mit denen man Tage, Monate und sogar Jahre verbringen kann, ist weltweit unübertroffen. Einige dieser Tätigkeiten sind organisierte Formen des Spiels, mit großen Menschenmengen und überteuerten Getränken. Andere sind dagegen eher schlicht.

Live-Veranstaltungen mit vielen Zuschauern: Der Mann erfreut sich an Veranstaltungen, die exorbitant teuer sind und bei denen er von einem Sitzplatz aus beobachtet, wie etwas Aufregendes passiert. Meistens finden diese Dinge in großen Stadien oder Hallen statt. Es folgen Beschreibungen einiger seiner Lieblingsereignisse.

1. **Rockkonzerte:** Rockkonzerte finden im Männerland in riesigen Hallen statt, in denen sich der Rauch verschiedener opiumhaltiger Präparate ausbreitet. Die Musik auf solchen Konzerten zeichnet sich meist durch lautes Schreien des Sängers, Songtexte, die keinen Sinn ergeben, und drei sehr ähnliche Gitarrenriffs aus, die immer und immer wieder gespielt werden, wobei nur die Lautstärke variiert.

2. **Wettkampforientierter Kontaktsport:** Hierzu sind einige überbezahlte, muskelbepackte Bürger des Männerlandes nötig, die in zwei gegnerischen Mannschaften gegeneinander antreten. Die besagten Mannschaften finden sich auf einem Spielfeld ein und rennen dann dort einem Ball hinterher oder Ähnliches, während die Fans ihnen von den Tribünen stundenlang zujubeln.

3. **Schlammcatchen:** Diese nationale Freizeitbeschäftigung sieht folgendermaßen aus: Der Mann bringt nichtsahnende Touristinnen dazu, sich in knappen Bikinis in einem Schlammloch hin und her zu wälzen. Pass auf, dass dir so etwas nicht passiert!

4. **»Richtiges« Catchen:** Bei dieser Sportart finden sich sehr breite Männer in einem mit Matten ausgelegten Ring

ein, wobei sie Frauenunterwäsche tragen und dick mit Öl eingeschmiert sind. In den kommenden Stunden stampfen sie dann im Ring umher, fallen um, jagen einander, werfen sich gegenseitig durch den Ring und auch aus dem Ring. Der Sieger wurde vorher festgelegt – es ist derjenige, der momentan den besten Werbevertrag hat.

5. **Autorennen:** Diese Sportart spricht traditionell besonders die Männer aus ländlichen Gegenden an. Die Fans bezahlen viel Geld, um sich an einer Rennstrecke zusammenfinden zu können, wo sie dabei zuschauen, wie Autos mit einer Geschwindigkeit von 300 km/h vorbeirasen. Solch eine Veranstaltung wird als aufregend eingestuft, wenn mindestens ein Auto einen Unfall baut und in Flammen aufgeht.

Zuschauerlose Ereignisse: Manchmal ist der Mann ein bisschen knapp bei Kasse und kann es sich daher nicht leisten, zu öffentlichen Veranstaltungen zu gehen. In diesem Fall legt er einen erstaunlichen Einfallsreichtum an den Tag. Er füllt die freie Zeit mit kreativen Freizeitbeschäftigungen, für die man nicht mehr braucht als ein wenig Fantasie. Es folgen die Lieblingsfreizeitbeschäftigungen des Mannes.

1. **Der Korbwurf:** Eine Bürosportart, die man entweder allein oder zusammen spielen kann. Man muss hierzu Papier zerknüllen und dann versuchen, den Papierkorb, der auf der anderen Seite des Raumes steht, zu treffen.

2. **Gruppenurinieren:** Diese Freizeitaktivität findet meistens im Wald, auf einem Dach oder auf einer Straße statt,

nachdem die Bars geschlossen haben. Jeder Mann öffnet seinen Hosenschlitz, holt sein Reproduktionsorgan heraus und erleichtert sich anschließend. Manchmal machen die Männer einen Wettbewerb daraus – wer am weitesten pinkeln kann. Wenn die Männer besonders gut drauf sind, versuchen sie, den Strahl des anderen zu kreuzen, und zitieren dabei Sätze aus *Star Wars*.

3. **Wichsen:** Das ist etwas, das jeder Mann macht, egal wie sehr er es auch leugnet. Wie beim Gruppenurinieren ist es auch hier nötig, das Reproduktionsorgan herauszuholen, aber der Mann ist dabei allein und die Sache findet an einem ungestörten Ort statt (so will man hoffen). Beim Wichsen (auch als »sich einen runterholen« bekannt) beschwört der Mann in seinem Kopf Bilder von Frauen mit großen Brüsten, offenen Mündern und einem willigen Gesichtsausdruck herauf. Wenn diese Bilder da sind, befummelt er sich, bis sein Kamerad strammsteht. Wenn er dann das Gefühl hat, dass besagtes Körperteil kurz vor dem Platzen ist, befummelt er es ein letztes Mal, so dass es eine Flüssigkeit abgibt, zum Beispiel in ein Taschentuch oder manchmal auch in seine Sportsocken hinein.

4. **Fernsehen:** Bei dieser Tätigkeit liegt der Mann häufig auf dem Sofa wie ein gestrandeter Wal und starrt dabei mit auf eine große Kiste, die bewegte Bilder zeigt. An dieser Freizeitbeschäftigung hat der Mann mehr Spaß als an allem anderen mit Ausnahme von Aktivität Nummer drei. In Abhängigkeit von den Bildern, die von der großen Kiste gezeigt werden, kombiniert der Mann die Freizeitbeschäftigungen Nummer drei und vier manchmal.

Kunst

Wenn man auf seiner Reise noch mehr Sehenswürdigkeiten bestaunen möchte, sollte man sich mit der Kunst des Männerlandes beschäftigen. Die Italiener haben da Vinci. Die Franzosen haben Cézanne. Die Amerikaner haben Pollock. Und die Männer haben eine ganz eigene Kunstform erschaffen. Die dynamische Kunstszene des Männerlandes steht in der Tradition urzeitlicher Höhlenmalerei, kunstfertiger Animationsfilme sowie moderner Sportkommentatoren und ist einzigartig auf der Welt. Während eines Aufenthalts im Männerland entdeckt man vielleicht einige der folgenden innovativen Kunstwerke:

1. Die Popelsammlung des Mannes, die er unter dem Esstisch aufbewahrt
2. Poster von Farrah Fawcett von vor 1985
3. Irgendein »Oldtimer« (sprich ein Haufen Schrott), der seit der Ära Schmidt in der Garage steht
4. Filme mit Chuck Norris
5. Mannschaftslogos
6. Monstertrucks
7. Filme, in denen Brüste, Genitalien oder lesbische Liebesspiele gezeigt werden
8. Ein Foto eines Stockcars (siehe auch: Live-Veranstaltungen mit vielen Zuschauern)
9. Alles auf eBay Erworbene
10. All seine alten Led-Zeppelin-Albumcover

Die männerländische Nouvelle Cuisine

Die landesübliche Küche zu entdecken macht einen Teil der Faszination aus, wenn man in ein fremdes Land reist. Das Männerland hat in dieser Hinsicht wirklich viel zu bieten. Die Möglichkeiten sind schier unendlich. Es ist eine Wonne, all die aufregenden Aromen und Delikatessen dieser kulinarischen Hochburg zu erkunden. Die männerländische Küche ist reich an Proteinen, Kohlenhydraten und Schmelzkäse und wird selbst die anspruchsvollsten Gourmets überraschen.

Landestypische Spezialitäten

Entgegen der Verlockung, auf Altbewährtes zurückzugreifen und in eines der vielen Fast-Food-Restaurants zu gehen, die überall auf der Welt entstehen, sollte man die landestypischen Spezialitäten des Männerlandes probieren, wenn man mehr für sein Geld geboten bekommen möchte. Ein Tourist würde sich nie einfallen lassen, nach Paris zu fahren, ohne dort Schnecken zu probieren oder – igitt! – Froschschenkel zu essen. Und nur eine Närrin würde sich auf den langen Weg ins Unterholz des Männerlandes machen, ohne sich so zu ernähren wie die Einheimischen. Es folgt eine Empfehlung für einen Männerland-Speiseplan.

Die fünf Lebensmittelgruppen des Männerlandes

1. **ZUCKER:** Jegliche Lebensmittel mit Zuckerglasur oder Puderzucker, die das Risiko einer Diabeteserkrankung erhöhen und den Mann frühzeitig umbringen.

2. **SALZ:** Jegliche scharfen, pikanten und würzigen Lebensmittel, die den Blutdruck des Mannes erhöhen und ihn frühzeitig umbringen.

3. **KÄSE:** Jegliche geschmolzenen, orangefarbenen, pasteurisierten Lebensmittel, die den Cholesterinspiegel des Mannes verdreifachen und ihn vorzeitig umbringen.

4. **FLEISCH:** Jegliche Teile eines Tierkadavers, die wahrscheinlich die Arterien des Mannes verstopfen und ihn vorzeitig umbringen.

5. **BIER:** Jegliches getreidehaltiges, gekühltes Getränk, das die Leberfunktion des Mannes außer Gefecht setzen und ihn vorzeitig umbringen wird.

Frühstück

Das Frühstück findet im Männerland zwischen halb sieben (falls der Mann arbeitet) und zwölf Uhr mittags (falls der Mann arbeitslos ist) statt und es ist eine raffinierte kulinarische Erfahrung, weil es nicht *angerichtet*, sondern eher zusammengesucht wird. Genauso wie ein brillanter französischer Chefkoch in kürzester Zeit eine Mahlzeit für einen späten Stammgast in seinem Bistro hervorzaubern kann, ist auch dieser Vorgang einfach, aber ausgeklügelt in seiner Durchführung.

Der Mann beginnt die Suche nach seinem morgendlichen Mahl, indem er seinen Kopf in sämtliche Küchenschränke steckt und eine Schachtel der feinsten Trockenlebensmittel hervorholt, die aus den berühmten Männerland-Fabriken stammen. Ganz so wie Jamie Oliver Brunch für seine Gäste zubereitet, schüttet der Mann den Inhalt der Schachtel gekonnt in irgendein rundes Gefäß, das gerade in Reichweite steht, und weicht ihn vorsichtig in einer kühlen, weißen Flüssigkeit ein, die zuvor wie ein guter Wein im Kühlschrank gekühlt wurde.

Das landestypische Frühstück: Süße Frühstücksflocken – eine halbe Stunde in einer Schale Milch eingeweicht –, dazu vier Pfund feinster Speck und einen hellen Toast. Zu diesem Festmahl trinkt man normalerweise ein Glas Cola mit Raumtemperatur.

Mittagessen

Das Mittagessen wird im Männerland üblicherweise etwa eineinhalb Stunden, nachdem das Frühstück verdaut wurde, eingenommen. Es wird vom Mann zur Strecke gebracht, indem er sich für die am leichtesten zu erreichende Imbissbude mit der hellsten Neonreklame entscheidet. Zur Mittagszeit hat es der Mann eilig – er ist in Gedanken, denkt aber nicht über seine eigenen Bedürfnisse nach, sondern darüber, wie er persönlich einen Beitrag leisten kann, um aus der Welt einen besseren Ort zu machen. Das Mittagessen muss also nicht nur nahrhaft und optisch ansprechend sein, sondern sich auch schnell verspeisen lassen. Der Mann als solcher ist ein Sparfuchs, der seine Ersparnisse lieber für einen guten Zweck spendet. Daher ist er auf der Suche nach preiswerten Gaumenfreuden und konzentriert sich auf Sonderangebote der Art: »Eine Portion Pommes gratis, wenn Sie zehn Portionen bestellen!« Und – was für ein Zufall – diese Spezialitäten erfordern niemals Besteck.

Das landestypische Mittagessen: Diese Mahlzeit besteht häufig aus einem leckeren Sandwich, belegt mit etwas Fleisch, einem exotischen welken, leicht braunen Salatblatt, einer blassroten Tomatenscheibe und einer »Spezialsauce«, deren Rezept von den berühmtesten Köchen des Landes unter Verschluss gehalten wird. Das Mahl wird abgerundet durch eine Portion Pommes, einen überdimensional großen Becher zuckersüßer Cola und ein »frisch gebackenes« Leckerli, auf dem »Apfelkuchen« steht, das aber – Wunder oh Wunder – keine Äpfel enthält.

Hinweis: Sämtliche Männerland-Mittagessen werden entweder in Styropor oder Zellophan verpackt und auf einem Tablett platziert oder in einer Papiertüte verstaut, so dass der Mann sein Essen leicht von einem Ort zum anderen transportieren kann.

Abendessen

Das Abendessen nimmt man im Männerland häufig zur besten Sendezeit zu sich und es ist ein Festschmaus für Leib und Seele.

Im Frauenland ist das Frühstück die wichtigste Mahlzeit des Tages, aber im Männerland hat das Abendessen Priorität. Es umfasst alle fünf Lebensmittelgruppen und für den Mann geht es bei dieser Mahlzeit um Leben und Tod. Denn zwischen dem letzten Mahl des Tages und dem nächsten Frühstück liegen viele grausame Stunden. Der Mann muss also die acht bis zehn Stunden, die er schläft, von seinen Fettreserven leben. Das Abendessen ist die Mahlzeit, die ihm das ermöglicht.

Das landestypische Abendessen: Dieser abendliche Festschmaus beginnt mit einer exquisit zubereiteten Vorspeise, bestehend aus einem mit Mozzarella belegten Brot, das frittiert und dann mit einer Auswahl an erlesenen Dips in Tupperschüsseln, wie zum Beispiel Ketchup, Mayonnaise und Senf, serviert wird. Der Hauptgang besteht aus einem großen verschmorten Stück Fleisch oder Abfallprodukten aus der Fleischproduktion in Form eines Ziegelsteins, garniert mit Schmelzkäse. Dazu gibt es eine große Auswahl an Beilagen: Kartoffelbrei, Bohnen und bei besonderen Anlässen mit Käse überbackenen Brokkoli.

Das landestypische Dessert: Das Dessert wird unmittelbar nach dem Abendessen serviert und manchmal sogar währenddessen. Zumeist handelt es sich dabei um irgendetwas Frittiertes oder Gerolltes, etwas zum Dippen oder etwas, das mit Zucker überzogen ist.

Regionale Männerland-Spezialitäten

Es gibt unzählige Männer-Rezepte, für die die berühmtesten Chefköche der Welt töten würden. Eines haben all diese Köstlichkeiten gemeinsam: Man isst sie mit der Hand und sie verursachen furchtbares Sodbrennen. Es folgt eine kleine Auswahl an köstlichen Delikatessen, die man bei einem Besuch im Männerland unbedingt probieren sollte.

1. Gesalzene Erdnüsse
2. Nachos mit Fleisch, Käse, Chili, Sauerrahm und Salsasauce. Dieser köstliche Imbiss gehört zu den Lieblingssnacks des Mannes und ist in den meisten Bars erhältlich.
3. Hotdogs mit Chilisauce, Käse und Zwiebeln. Ob im Garten oder auf dem Sportplatz, der Mann erfreut sich besonders in den warmen Sommermonaten an dieser klebrigen Delikatesse.
4. Pizza. Diesen käsigen Leckerbissen besorgt man sich am besten im Supermarkt und genießt ihn dann zu Hause. Am besten schmeckt dieses Gericht frisch aus dem Ofen, aber der Mann verzehrt es auch oft kalt direkt aus dem

Kühlschrank oder nachdem es einen Tag auf dem Wohnzimmerboden gelegen hat.

5. Chickenwings. Besonders bei Besuchern von Sportbars beliebt. Diese geniale Gaumenfreude verbindet die Hitze der Chickenwings mit der Frische einer Remoulade. Man sollte diesen Snack probieren, nachdem man einen langen Sightseeing-Tag hinter sich gebracht hat.

GETRÄNKE

Es ist eine Grundregel, dass der Mann alles herunterstürzt, was entweder Alkohol, Koffein oder Zucker enthält.

Ein weiteres Grundprinzip lautet: Zu den Lieblingsgetränken des Mannes zählt alles, was ihm eine Frau mit großen Brüsten serviert.

AUSWÄRTS ESSEN

Wenn man als Touristin nach Japan kommt, besteht die größte Herausforderung darin, sich die japanischen Tischmanieren anzueignen. Man muss darauf achten, sich zwischen den einzelnen Gängen zu verbeugen, versuchen, mit den Stäbchen klarzukommen, und sich daran gewöhnen, dass von Holzbrettern und nicht von Tellern gegessen wird. Die gleiche Beachtung sollte man der Etikette schenken, wenn man im Männerland außer Haus isst. Einige der hiesigen Gepflogenheiten mögen gegen die eigene Intuition sprechen, aber wenn man sich an sie hält, sollte man diese Prüfung mit fliegenden Fahnen bestehen. Wenn man mit einem Mann auswärts speist, sollte man also folgende Regeln einhalten:

1. Mit vollem Mund reden.
2. Mehr Essen in den Mund schaufeln, auch wenn man das, was bereits im Mund ist, noch nicht hintergeschluckt hat.
3. Nicht kauen. Einfach das Essen in den Mund schieben und schlucken. Falls man würgen muss, etwas von dem Essen zurück in den Mund lassen, diesen öffnen und seinem Gegenüber das zerkleinerte Essen zeigen. Dann noch einmal schlucken.
4. Nicht das bereitgelegte Besteck benutzen. Dem Mann ist schon seit Jahrhunderten bekannt, dass der Mensch mit seinem ganz eigenen Besteck geboren wird: dem Daumen, dem Zeige- und dem Mittelfinger.
5. Lebensmittel, auf denen Bio steht, und alles, was aus der Natur kommt, vermeiden. Wenn man gezwungen ist, etwas »Natürliches« zu essen, sollte man darauf achten, es in künstliche Sauce zu tunken.
6. Zwischen den einzelnen Gängen rülpsen.

Notfallsituationen im Männerland

Ein fremdes Land zu bereisen kann wunderbar sein. Aber es kann auch gefährlich sein. Man kann seinen Reisepass verlieren. In einem mexikanischen Gefängnis landen. Vom Eiffelturm fallen. Vom Schiefen Turm von Pisa erschlagen werden. In Spanien von einem Stier aufgespießt oder in Südafrika von einem Tiger gefressen werden. Du verstehst schon.

Ein ähnlich schlimmes Schicksal kann einen ereilen, wenn man sich im Männerland aufhält. Man muss immer und überall auf eine Vielzahl von Katastrophen gefasst sein, die eintreten könnten, während man Herz und Verstand der männlichen Spezies erkundet. Einige dieser Unglücke lassen sich mit Vorsichtsmaßnahmen verhindern. In anderen Fällen kann man zumindest Schadensbegrenzung betreiben.

1. **Die Krise:** Der Mann hat gerade herausgefunden, dass die Videokassette des besten Endspiels aller Zeiten überspielt wurde, und zwar mit der Sendung *Wie man Badewannenfliesen mit Wachs reinigt*. Der Mann hyperventiliert, ihm schwinden die Sinne, er droht mit Selbstmord – aber vorher will er dich umbringen.
   Schadensbegrenzung: Bring den Mann in eine liegende Position auf dem Sofa, lege einen feuchten Lappen auf seine Stirn und reiche ihm eine Flasche Schnaps und die neueste Ausgabe des *Playboy*. Versichere ihm, dass er sich irrt und die richtige Kassette nebenan liegt. Verlasse anschließend das Haus. Für ungefähr zwölf Stunden. Das gibt dem Mann genug Zeit, sich richtig zu betrinken, und dir, um zu einer Freundin zu gehen und im Internet eine Kassette des Spiels per Overnightexpress zu bestellen. Am nächsten Morgen legst du das »verloren geglaubte« Video auf den Bauch des Mannes, bevor er aufwacht, und hinterlässt folgende Nachricht: »Ich hab's dir ja gesagt!« Er wird sich aufgrund seiner falschen Anschuldigungen so mies fühlen, dass er dir mindestens eine Woche lang Pralinen schenken wird.

2. **Die Krise:** Du passt auf das Haus eines Mannes auf, während er auf Geschäftsreise ist. Das Telefon klingelt. Du lässt den Anrufbeantworter rangehen. Es ist eine

Exfreundin des Mannes – ein holländisches Model mit tollen Brüsten. Sie sagt: »*Hi minnaar jongen, ben ik in stad voor een zwempak tentoonstelling en wil u voor diner zien. Misschien iets meer? Roep mij.*« Das bedeutet ungefähr: »Hi Loverboy, ich bin wegen einer Bademodenmesse in der Stadt und möchte gern mit dir essen gehen. Vielleicht auch mehr? Ruf mich an.« (Du weißt das so genau, weil du für genau diesen Fall immer ein niederländisches Wörterbuch bei dir hast.)
Schadensbegrenzung: Lösch die Nachricht.

Die Gefühle des Mannes

Während eines Aufenthalts im Männerland gerät man häufig in Situationen, in denen man die Gefühle des Mannes interpretieren muss – ein Hundehalter muss ja auch lernen zu erkennen, ob sein kleiner Bello Hunger oder Durst hat oder Gassi gehen muss. Es liegt nicht in der Natur des Mannes, seine Gefühle wie andere normale Menschen auszudrücken, darum ist es hilfreich, hier Ursache und Wirkung zu verstehen. Wenn man dann eine Ursache erkennt, weiß man, welche Wirkung diese auf das Gefühlsleben des Mannes hat. Kurz und schmerzlos.

Was der Mann fürchtet

Seit jeher hat der Mann die falsche Vorstellung, dass er gegen Angst immun sei. Stattdessen tut er übertrieben mutig, heldenhaft und draufgängerisch und so weiter. Aber vertrau mir, es gibt viele Dinge, die den Mann zu Tode ängstigen.

1. Frauenfilme
2. Hunde in der Größe von Ratten
3. Autofahrerinnen
4. Statuen von nackten Männern
5. Große Frauen
6. Unterwäsche mit vielen Verschlüssen
7. Schwangerschaftstests
8. Biolebensmittel
9. PMS
10. Der Valentinstag

Worüber der Mann lacht

Wenn du mitbekommst, dass der Mann eine Aufmunterung braucht, versuch seine Aufmerksamkeit auf eines der folgenden Dinge zu lenken, um ihn auf andere Gedanken zu bringen. Sein finsterer Blick wird sich in null Komma nichts in ein breites Grinsen verwandeln. Denn nichts bringt einen Mann mehr zum Lachen als:

1. zuzusehen, wie eine Frau einparkt
2. irgendein Film mit den Marx Brothers
3. irgendjemand fällt hin und verletzt sich
4. das Geräusch seiner Fürze
5. der Geruch seiner Fürze
6. das Geräusch seiner Rülpser
7. der Geruch seiner Rülpser
8. das Geräusch und der Geruch deiner Fürze und Rülpser
9. dein Gehaltsscheck
10. einige deiner Frisuren

Weswegen der Mann weint

Während man sich all die Sehenswürdigkeiten des Männerlandes ansieht, begegnet einem möglicherweise ein Einheimischer, der wie ein Baby weint. Hier sind die zehn möglichen Gründe für seine Trauer. Bemüh dich, die Dinge, die diese Krise hervorgerufen haben, zu beseitigen, und der Mann wird auf der Stelle von allen Leiden befreit sein.

1. ein kaputter Fernseher
2. eine Stripperin mit kleinen Brüsten
3. ein männlicher Sekretär
4. ein leeres Bierglas
5. eine leere Packung Kondome
6. ein Besuch von deiner Mutter
7. eine Beule in der Karosserie
8. ein Teller frisches Gemüse
9. Du sagst: »Lass uns heiraten!«
10. einige deiner Frisuren

Worüber sich der Mann ärgert

Es ist kein Geheimnis, dass der Mann wütend werden kann. Leider! Nach dem Vorfall mit dem Apfel im Paradies hat Adam tagelang nicht mit Eva gesprochen! Es ist also keine Überraschung, dass der Mann die Fähigkeit besitzt, auszurasten. Hier sind ein paar Sachen, die ihm wirklich auf die Nerven gehen.

1. ein Strafzettel
2. schlechter Fernsehempfang
3. ein Film ohne Nacktszenen
4. ein Hund, der zehn Sekunden vor Abpfiff raus muss

5. gebeten zu werden, eine Serviette zu benutzen
6. gesperrte Pornoseiten
7. Nörgeleien
8. Schokoriegel, die sich nicht aufreißen lassen
9. andere Männer, die in deinen Ausschnitt gucken
10. eine Stadt ohne Autowaschanlage

Was den Mann glücklich macht

Die Schönheit des Mannes liegt in seiner emotionalen Einfachheit. Wie leicht kann man doch seine Stimmung ändern. Nein, es ist nicht viel nötig, um einen wütenden Mann in einen jubelnden Mann zu verwandeln. Folgende Dinge helfen dabei:

1. Videospiele
2. du nackt
3. irgendeine nackte Frau (außer die dicke Nachbarin – die bringt den Mann zum Weinen)
4. Käse
5. Bier
6. Bier mit Käsegeschmack
7. unter der Decke furzen
8. ein Fernsehmarathon mit dem *A-Team*
9. einen Strafzettel nicht bezahlen zu müssen
10. zusehen, wie jemand anderes einen Strafzettel bezahlen muss

SPRECHSTUNDE

Ein japanischer Arzt muss die Sprachbarriere überwinden, wenn er einen Patienten aus den USA behandelt, und genauso muss man lernen, Krankheiten im Männerland zu erkennen. Man muss wissen, wie man die vom Mann verkündeten Symptome in eine rationale Diagnose übersetzt … und ihn dann behandeln, damit er aufhört zu jammern und dir keine Kopfschmerzen mehr bereitet.

Der Mann jammert: »Oh Gott, ich sterbe.«
Diagnose: Der Mann hat eine leichte Erkältung.
Behandlung: Koch dem Mann eine Hühnersuppe und stell ihm die Nachrichten an, so dass er sieht, wie schlecht es den Menschen in der Dritten Welt geht und dass sie dort wirklich sterben. Das wird den Mann wieder auf den Boden der Tatsachen zurückholen.

Der Mann jammert: »Diese Schmerzen sind unerträglich!«
Diagnose: Der Mann hat sich den Fuß am Bett gestoßen.
Behandlung: Nimm eine Tüte gefrorene Erbsen aus dem Eisschrank und leg sie auf die »lebensbedrohliche« Verletzung des Mannes. Dann ignoriere ihn für den Rest des Abends. Am nächsten Morgen sollte sich die Sache erledigt haben.

Der Mann jammert: »Ich geh mal ins Bad.«
Diagnose: Der Mann hat Verstopfungen.
Behandlung: Gib dem Mann eine Autozeitschrift und ein Abführmittel und rede beruhigend auf ihn ein. Versprich ihm ein Sandwich als Belohnung, wenn er seine Sache gut macht.

Der Mann jammert: »Scheiße, oh gottverfluchte Scheiße!«
Diagnose: Der Mann hat einen Kater.

Behandlung: Zuerst verpasst du dem Mann einen Klaps auf den Hinterkopf, denn du hast ihn schließlich am Vorabend davor gewarnt, Bier und Schnaps durcheinander zu trinken. Rede für den Rest des Tages mit extra lauter Stimme.

Der Mann jammert: »Hatschi! Hatschi! Hatschi!«

Diagnose: Der Mann hat eine Stauballergie.

Behandlung: Wünsch ihm »Gesundheit« und sieh dir weiter *Desperate Housewives* an.

Der Mann jammert: »Ich glaube, das werden sie amputieren müssen.«

Diagnose: Der Mann hat sich an Papier geschnitten.

Behandlung: Gieß reinen Alkohol oder eine andere brennende Flüssigkeit aus deinem Medizinschrank über den Schnitt und verbinde die »Wunde«.

Der Mann jammert: »Ohhhhhh (rülps) Gott (furz)!«

Diagnose: starker Durchfall

Behandlung: Wirf dem Mann ein Mittel gegen Magenbeschwerden zu, reiß alle Fenster auf und verlass das Haus, so schnell du kannst. Komme frühestens in einer Stunde zurück.

Der Mann jammert: »Ich hätte diese Chips nicht essen sollen.«

Diagnose: Sodbrennen

Behandlung: Entsorge alle Chips und ersetze sie durch Obst.

Der Mann jammert: »Warum ist es hier so heiß?«

Diagnose: Fieber.

Behandlung: Stell den Mann unter die kalte Dusche, leg ihn dann ins Bett und miss seine Temperatur rektal.

KAPITEL 3

MANNSPRECH – DIE SPRACHE DER MÄNNER

»Niemand sollte verreisen, bis er die Sprache des Landes, in das er fahren möchte, gelernt hat. Ansonsten macht man sich ungewollt zu einem Riesenbaby – man ist so hilflos und lächerlich.«

Ralph Waldo Emerson

Schwieriger zu übersetzen als Suaheli. Schwerer zu verstehen als Mandarin. Mannsprech hat das weibliche Geschlecht jahrhundertelang verwirrt. Die Unfähigkeit der Frau, aus dem Kauderwelsch, in dem der Mann sich ausdrückt, schlau zu werden, hat zu einer Unzahl lautstarker Auseinandersetzungen der Geschlechter in der Öffentlichkeit und zu vielen unnötigen Trennungen geführt. Von dem einen oder anderen Mord ganz zu schweigen.

Man kann ganz bestimmt die Ebenen Afrikas erkunden, ohne zu wissen, was »Ich habe Durchfall« auf Suaheli heißt, aber es ist absolut unmöglich und undenkbar, sich ins Männerland zu wagen, ohne einen blassen Schimmer von der irrsinnigen Sprache seiner Einwohner zu haben. Es ist zwingend erforderlich, zu lernen, wie man die verschlüsselte Sprache des Mannes zu interpretieren hat – von seinen Anmachsprüchen und Aussagen bei Verabredungen über seine Körpersprache bis hin zu seinen Körperpflegegewohnheiten. Wenn man zwischen dem »Ich liebe dich«, das bedeutet, dass der Mann einen wirklich liebt, und dem »Ich liebe dich«, das bedeutet, dass der Mann einfach nur Sex will, unterscheiden kann, hat man die Macht.

In diesem Kapitel lernst du, wie du selbst die kompliziertesten Sätze auf Mannsprech in etwas Sinnvolles und Intelligentes übersetzen kannst. Mit anderen Worten in Frausprech.

Zur Aussprache

Dieser Leitfaden zur Aussprache bietet hilfreiche Tipps, um die oft seltsame Sprache des Männerlandes zu verstehen. Viele der Laute, die man in diesem alten Dialekt hört, sind in vielen Sprachen der Welt vertreten, aber es gibt einige Laute und Verwendungen, die so nur in Mannsprech vorkommen und an die man sich gewöhnen muss, um sich dort zu Hause zu fühlen.

Laut	Verwendung im Männerland
A	»Hey, du bezahlst die Rechnung.«
Ä	»Der Hot Dog hat Blähungen verursacht.«
Au	»Ich mag es, wenn mein Auspuff laut ist.«
B	»Ich will mein Bier aus der Flasche trinken.«
Ch	»Wow, du hast da ein echt langes Haar an deinem Kinn.«
D	»Du hast nicht zufällig Doppel-D?«

E	»Ich habe einen Ausschlag an meinen Genitalien.«
Ei	»Ich habe meine Freundin leider bei einer Wette verloren.«
Eu	»Europameisterschaft.«
F	»Motherfucker.«
G	»Oh Gott, keine Ahnung.«
H	»Hurra! Ein Baywatch-Marathon.«
I	»Ich will Sex mit dir.«
Ie	»Willst du meinen Furz riechen?«
J	»Bist du noch Jungfrau?«
K	»Kann ich deine Telefonnummer haben?«
L	»Ich muss das Land verlassen.«
M	»Ich will meine Mami.«
N	»Nein bedeutet doch nicht wirklich nein, oder?«
O	»Ich bin notgeil.«
Ö	»Was zur Hölle!«
Öh	»Du hast einen schönen Hintern.«
P	»Ich pinkle gern in frischgefallenen Schnee.«
Qu	»Ich geh nicht zu diesem Quacksalber.«
R	»Iih. Ich wünschte, du hättest dich rasiert.«
S	»Nenn mich nicht Dussel.«
Sch	»Ich liebe dich ... wie eine Schwester.«
Sp	»Psssst. Das Spiel läuft.«
St	»Oh, ich hab einen Ständer.«
T	»Tooooor!«
U	»Du hast einen schönen Arsch.«
Ü	»Darf ich deine Brüste anfassen?«
Üh	»Gott, bist du übel gelaunt.«
V	»Timo Hildebrandt spielt beim FC Valencia.«
W	»Wie war noch mal dein Name?«
Z	»Zzzzzzzzzzzzzzzzzzz.«

Wörterbuch: Deutsch – Mannsprech

Die folgenden Wörter und Phrasen bilden die Grundlage für jegliche Konversation und soziale Interaktion im Männerland. Mithilfe dieser Liste wirst du dich verständlich machen können und auch die Einheimischen verstehen, wenn sie versuchen, sich in ihrer verrückten Art auszudrücken. Übe die Ausdrücke, bis sie dir in Fleisch und Blut übergehen.

- *Abendessen:* Alle essbaren Dinge, die man im Kühlschrank findet und die noch keinen Schimmel aufweisen.
- *abräumen:* Auf der Rennbahn einen Mordsgewinn machen.
- *abservieren:* Eine Beziehung zu einer Frau beenden.
- *alt:* Eine Frau über 22.
- *Anstoß:* Der Moment, in dem die Welt aufhört sich zu drehen.
- *Aufmerksamkeitsdefizitsyndrom:* Eine pseudo-medizinische Ausrede des Mannes, um nicht aufmerksam sein zu müssen.
- *ausgehen / in einen Club gehen:* Eine Aktivität, bei der der Mann sich einen komischen Anzug anzieht, zu viel Aftershave aufträgt und dann so tut, als könnte er tanzen – und das alles, um für das weibliche Geschlecht attraktiv zu wirken.
- *außer Haus essen*: Der Mann trägt seinen Teller von einem Ende der Couch zum anderen.
- *auswärts essen:* Eine Pizza bestellen.
- *bald zu Hause sein:* Irgendwann in den nächsten 48 Stunden nach Hause kommen.
- *betrügen:* Beim Sex mit einer Frau erwischt werden, die nicht die eigene Freundin ist.

- *Beziehungspause:* Der Mann darf Sex mit einer Frau haben, die nicht seine eigene Freundin ist.
- *Coitus interruptus:* Ein Anruf von der Mutter des Mannes.
- *Date:* Ein Ereignis, bei dem der Mann Zeit mit einer Frau verbringt und versucht, sie zu beeindrucken oder für sich zu gewinnen. Die Frau würde bei so einer Gelegenheit gern essen oder ins Kino gehen, der Mann bevorzugt es bei einem Date, auf dem Sofa zu sitzen und sich die Fernbedienung zu teilen.
- *Diät:* Kurze Zeitabschnitte, die mehrmals im Jahr auftreten und in denen der Mann versucht, weniger Käse auf sein Essen zu tun.
- *duschen:* Sich Rasierwasser unter die Arme spritzen.
- *Ehrgeiz:* Vom Sofa aufstehen.
- *ein Ei legen:* Aufs Klo gehen, häufig in Gesellschaft einer Sportzeitung.
- *ein Nickerchen machen:* Der Mann behauptet, ein Nickerchen machen zu wollen, wenn er plant, die nächsten 12 oder 14 Stunden zu schlafen – meistens auf dem Sofa, auf dem du sitzt und versuchst zu lesen.
- *ein oder zwei Bier trinken:* Ein Sixpack vernichten.
- *ein Spiel angucken:* Zwei Stunden lang schreiend vor dem Fernseher hocken und verzweifelt versuchen, den Schiedsrichter zum Zuhören zu bringen.
- *eine Besorgung machen:* Etwas, das der Mann immer vergisst.
- *Exfreundin:* Eine Frau, mit der der Mann mehr als einmal geschlafen hat und die ihn jetzt abgrundtief hasst.
- *Frauenfilm:* Alle Filme mit Meg Ryan.
- *Geburtstag:* Für Männer: Der Tag, an dem der Mann von der Frau einen geblasen bekommt, ohne eine Gegenleis-

tung erbringen zu müssen. Für Frauen: Der Tag, an dem der Mann vergisst, ihr ein Geschenk zu kaufen.

- *Gefühle zeigen:* Die Mundwinkel entweder hoch- oder runterziehen und für drei Sekunden halten.
- *geil sein:* Ein Zustand, in dem den Mann das unbändige Verlangen überkommt, sein Geschlechtsteil in das Geschlechtsteil der Frau zu stecken.
- *Geschenk:* Etwas völlig Unnützes, das der Mann der Frau im letzten Moment kauft, als er mitkriegt, dass sie etwas feiern.
- *Hä?:* Äußerung, die der Mann üblicherweise anwendet, wenn er das Wer, Was, Wann, Wo, Wie und Warum einer Situation eruieren will.
- *heiße Biene:* Eine sehr attraktive Frau.
- *Jahrestag:* Das, was der Mann vergisst, bis er zu Hause ist.
- *Kavaliersschmerzen:* Eine pseudo-medizinische Ausrede des Mannes, um die Frau zum Beischlaf zu bringen.
- *keine Jugendfreigabe:* Die besten Filme aller Zeiten.
- *Kumpel:* Anderes Wort für Freund, Bekannter, Spezi.
- *kuscheln:* Ein Akt der Zuneigung, der zwei bis drei Sekunden lang nach dem Sex stattfindet, während der Mann herumzappelt, laut seufzt und immer wieder auf die Uhr schaut.
- *Lesbe:* Jede Frau, die die sexuellen Avancen des Mannes nicht erwidert.
- *lesen:* Eine Pornozeitschrift durchblättern oder die Rückseite der Cornflakespackung überfliegen.
- *Macht:* Die Fernbedienung in der Hand zu haben.
- *Musik hören:* Das Autoradio so laut drehen, dass die Wände in den nächsten Ortschaften noch wackeln.

- *nachdenken:* Die Stirn in Falten legen, auf der Unterlippe rumkauen und unregelmäßig blinzeln.
- *Nein:* Standardantwort, die der Mann immer dann gibt, wenn die Frau ihn fragt, ob er etwas falsch gemacht hat.
- *nicht können:* Wird häufig vom Mann benutzt, wenn er eine gefürchtete Aufgabe oder Aktivität nicht machen möchte. Zum Beispiel: »Ich *kann* diese Woche *nicht* zu deiner Mutter zum Essen gehen« heißt eigentlich: »Ich *will* diese Woche *nicht* zu deiner Mutter zum Essen gehen.«
- *Porno:* Alles, zu dem masturbiert werden kann.
- *pünktlich sein:* Innerhalb einer Stunde da sein.
- *putzen:* Müll aus einem Behälter holen und in einen anderen Behälter stecken.
- *Quiche:* Etwas, das der Mann nicht isst.
- *reinen Tisch machen:* Zugeben, etwas Schlimmes getan zu haben, aber nur weil der Mann auf frischer Tat ertappt wurde.
- *religiöses Erlebnis:* Ein Orgasmus.
- *romantisch sein:* Vom Rülpsen und Furzen Abstand nehmen.
- *Safer Sex:* Ein sexueller Akt, der nicht zu einer Leistenzerrung führt.
- *einfühlsam:* schwächlich.
- *sauber:* Alles, was nicht schimmlig oder giftig ist oder ranzig riecht.
- *sauber machen:* Mit schmutzigem Wasser abwischen.
- *Schabracke:* eine hässliche Frau.
- *Schmuck:* Alles, was glänzt und um den Hals einer Frau gehängt werden kann.
- *schöne Stunden miteinander verbringen:* Auf derselben Seite der Couch sitzen ... vielleicht nackt.

- *Schwuchtel:* Jeder Mann, der sich gut anzieht, regelmäßig seine Bettwäsche wechselt und sein Bad putzt.
- *sich an die Geschwindigkeitsbegrenzung halten:* Sich an die Geschwindigkeitsbegrenzung plus 60 km/h halten.
- *sich an etwas erinnern:* Bis zum letzten Moment vergessen.
- *sich binden:* Der Frau erlauben, eine Zahnbürste im Bad zu lassen.
- *sich einen runterholen:* Geschlechtliche Selbstbefriedigung. Auch onanieren, sich einen von der Palme schütteln, wichsen, Handbetrieb.
- *sich flachlegen lassen:* Sex haben.
- *sich schick machen:* Sich für besondere Gelegenheiten saubere Unterwäsche anziehen.
- *Sport treiben:* Masturbation, die Fernbedienung anheben, gähnen.
- *sterben:* Einen Schnupfen haben.
- *Streit:* Schweigend auf dem Sofa sitzen, während die Frau wild mit den Armen rudert, schreit und so laut kreischt, dass die Nachbarn die Polizei rufen.
- *trainieren:* Tägliche oder wöchentliche Beschäftigung, bei der der Mann in einem Fitnessstudio vor dem Spiegel steht, seine Muskeln bewundert und diese unnötigerweise spielen lässt, wenn eine Frau vorbeigeht.
- *Unterwäsche:* Unwichtige Kleidungsstücke.
- *Valentinstag:* Der nervigste Tag des Jahres.
- *verliebt sein in jemanden:* Bereit sein, für jemanden Tampons zu kaufen.
- *vorsichtig fahren:* Ein Fahrzeug führen, wenn man drei oder weniger Bier getrunken hat.
- *Vorspiel:* Alles, was den Orgasmus des Mannes hinauszögert.

- *Wäsche waschen:* Alle Klamotten in die Waschmaschine werfen, ohne sie nach Farben oder Material zu sortieren, und dann das Beste hoffen.
- *zurückrufen:* Es schaffen, jemanden anzurufen, der sechs Tage vorher eine Nachricht hinterlassen hat.
- *Zzzzzzz:* Der Mann schläft. Nicht aufwecken.

Mannsprech am Telefon

Am Telefon verwendet der Mann eine völlig andere Sprache als sonst. Es folgen ein paar Infos darüber, was man von einem Telefonat mit einem Mann erwarten kann – während er in seiner natürlichen Umgebung umherstreift.

DER MANN SAGT: »Hey.«
ÜBERSETZUNG: »Sei gegrüßt, Mitbürgerin.«

DER MANN SAGT: »Was gibt's?«
ÜBERSETZUNG: »Wie geht es dir an diesem wunderschönen Tag?«

DER MANN SAGT: »Jo!«
ÜBERSETZUNG: »Ja, da stimme ich dir völlig zu.«

DER MANN SAGT: »Hä?«
ÜBERSETZUNG: »Entschuldige, die Verbindung ist ein wenig schlecht. Würde es dir etwas ausmachen, den letzten Satz noch einmal zu wiederholen?«

DER MANN SAGT: »Nee.«
ÜBERSETZUNG: »Es tut mir wirklich leid, aber das ist im Moment nicht möglich.«

DER MANN SAGT: »Sicher.«
ÜBERSETZUNG: »Aber natürlich! Es wäre mir eine große Freude.«

DER MANN SAGT: »Erzähl keinen Scheiß!«
ÜBERSETZUNG: »Ich kann einfach nicht glauben, was du mir da erzählst – es erschüttert mich bis ins Mark.«

DER MANN SAGT: »Man sieht sich!«
ÜBERSETZUNG: »Obwohl es nur so eine Redensart ist, hoffe ich doch wirklich, dass wir uns in naher Zukunft mal über den Weg laufen oder zumindest bald wieder miteinander telefonieren werden, denn es war das reinste Vergnügen.«

DER MANN SAGT: »Bis später.«
ÜBERSETZUNG: »Ich hoffe, wir können dieses Gespräch ein andermal fortsetzen.«

Nützliche Anweisungen

Beim Besuch einer geschäftigen Metropole wie New York lernt der Tourist schnell, dass derjenige, der am lautesten schreit, das bekommt, was er will. Wenn eine Touristin dem U-Bahn-Zugführer nicht aus vollem Halse zuschreit: »Nicht losfahren!«, wird sie in der Tür zerquetscht und zu Tode geschleift werden. Im Männerland läuft das nicht anders.

Um das zu bekommen, was man will, und um dem, was man nicht will, aus dem Weg zu gehen, muss man sich laut und deutlich verständlich machen. Man darf kein Blatt vor den Mund nehmen. Der Mann ist von Natur aus ein aufmüpfiges Wesen. Die Gedanken des Mannes sind simpel und nicht subtil. Man muss an ihn gerichtete Anweisungen so formulieren, dass kein Raum für Spekulationen bleibt. Man muss dem Mann ganz genau sagen, was man von ihm will, und man darf nichts beschönigen. Wenn man nicht ausgesprochen direkt ist, findet der Mann auch bei den einfachsten Instruktionen immer einen Weg, sich herauszuwinden. Wenn man also will, dass er etwas macht, muss man ihn anschreien. Um noch ein besseres Ergebnis zu erzielen, sollte man ihm gleichzeitig mit einer Zeitung auf den Kopf schlagen.

- »Auf keinen Fall, nein!«
- »Lass mich in Ruhe, du Perversling!«
- »Rede nicht mit vollem Mund!«
- »Dass du mich zum Essen ausführst, heißt nicht, dass wir miteinander schlafen werden!«
- »Hör auf zu schnarchen! Da wackeln ja die Wände!«
- »Räum diesen Saustall auf.«
- »Heute nicht! Ich hab doch gesagt, dass ich Kopfschmerzen habe.«
- »Klapp den Toilettensitz runter!«
- »Mein Gott, mach doch die verdammte Tür zu, wenn du ins Bad gehst!«
- »Schick deiner Mutter verdammt noch mal eine Geburtstagskarte oder ich zieh dir eins über, wenn du schläfst.«
- »Nein, du darfst meine Brüste nicht anfassen!«
- »Wasch dir die Hände!«
- »Mach den Fernseher sofort leiser!«

Zufällig im Männerland gehörte Äusserungen

Eva versetzte Adam in helle Aufregung, als sie im Paradies Leben in die Bude brachte. Die Einheimischen des Männerlandes lassen sich von Touristinnen häufig aus der Fassung bringen. Oft sehen sie den Pragmatismus, die Intelligenz und die beispielhafte Hygiene der Frau als Bedrohung für ihre Gesellschaft an. Wenn sie das Gefühl haben, dass man in ihren Bereich eindringt oder wenn sie ihren Lebensstil in Gefahr sehen, schlagen sie möglicherweise verbal aus. Sollte dies der Fall sein und du wirst mit einer der folgenden Formulierungen attackiert, halte Blickkontakt mit dem Mann und erlaube ihm, sich zu äußern, und dann – ignoriere ihn …

- »Gib mir mal mein Bier rüber.«
- »Ich *habe* den Toilettensitz runtergeklappt.«
- »Lass den Anrufbeantworter rangehen.«
- »Hör auf, an mir herumzunörgeln.«
- »Hä?«
- »Keine Ahnung.«
- »Können wir miteinander schlafen?«
- »Ich habe mich nicht angefasst!«
- »Ich habe gestern geduscht.«
- »Es sah nur so aus, als hätte ich ihr in den Hintern gekniffen!«
- »Warum hast du mich nicht daran erinnert?«
- »Diese Sachen sind sauber.«

Dinge, die man im Männerland besser nicht sagt

Es gibt einige Äußerungen, die man nie machen sollte, solange man sich im Männerland aufhält. Der Mann mag es gar nicht, in der Öffentlichkeit getadelt, verhört oder vor Ultimaten gestellt zu werden. Außerdem möchte er keine Anweisungen erhalten, etwas zu tun, das er für eine »Frauensache« hält, oder dazu gezwungen zu werden, seine Gefühle auszudrücken. Um die eigene Sicherheit auf der Reise durch diese atemberaubende Landschaft zu gewährleisten, sollte man es vermeiden, die folgenden Sätze zu den Einheimischen zu sagen.

- »Was denkst du denn, wer du bist?«
- »Dein Freund ist süß.«
- »Du würdest mich nie betrügen, oder?«
- »... andernfalls ...!«
- »Ich möchte über meine Gefühle reden.«
- »Dieses Mal meine ich es wirklich ernst.«
- »Aufwachen! Aufwachen hab ich gesagt!«
- »Fußball ist ja soooo langweilig.«
- »Du solltest mal deine Mutter anrufen.«
- »Das ist jetzt schon dein zweites Bier!«
- »Findest du sie hübsch?«
- »Sehe ich dick aus?«
- »War das der beste Sex, den du je hattest?«
- »Ist der immer so klein?«
- »*Das* nennst du ein aufmerksames Geschenk?«
- »Lass uns Freunde sein.«
- »Vielleicht solltest du mal was gegen deinen Haarausfall machen.«

- »Ich habe meiner Mutter gesagt, dass sie bei uns einziehen kann.«
- »Du musst deinen Männerabend absagen.«
- »Deine Mannschaft ist scheiße.«
- »Vielleicht bist du einfach nur nervös ...«
- »Entweder deine Freunde oder ich. Du hast die Wahl.«

KAPITEL 4

EINKAUFEN IM MÄNNERLAND

»Gib einer Frau ein Einkaufszentrum und die Welt ist in Ordnung!«   Tammy Faye Bakker

Touristen kommen in Scharen in die Schweiz, um die zarteste Schokolade mit nach Hause nehmen zu können. Sie strömen nach Irland, um sich mit dem besten Whiskey einzudecken. Und auch du solltest das rettende Ufer nach deiner Reise ins Männerland nicht erreichen, ohne dich mit Mitbringseln eingedeckt zu haben. Souvenirs aus diesem Wunderland machen es einem möglich, die Merkwürdigkeiten dieser Reise immer wieder lebendig werden zu lassen. Alte *Playboy*-Ausgaben. Bronzene Fußbälle. Flauschige Würfel für den Rückspiegel. Mit jedem dieser Dinge verbindest du eine liebevolle Erinnerung, die du für immer im Herzen tragen wirst.

Und das beste Souvenir überhaupt – das, wonach die meisten Touristinnen suchen, wenn sie ins Männerland fahren –, der Heilige Gral des männlichen Königreichs? Das ist der Mann deiner Träume.

Die Jagd nach einem Andenken aus dem Männerland kann allerdings eine ernüchternde Erfahrung sein. Es gibt so viele Fachgeschäfte zu entdecken, so viele verschiedene Versionen des Mannes, aus denen man wählen kann. Bevor du also die Entscheidung fällen kannst, welches Andenken die beste Investition ist, musst du die Vielzahl der zur Verfügung stehenden Männer kennen und wissen, inwiefern jeder einzelne deinen eigenen Bedürfnissen entspricht.

Die nachfolgenden Informationen werden dir helfen, zu entscheiden, welches Produkt es wert ist, Zoll dafür zu bezahlen.

Kleider machen Männer …
aber zu was macht es sie genau?

Man sagt, Kleider machen den Mann. Aha, aber zu was machen sie ihn? Das ist die Frage, meine Liebe. Man sollte nichts überstürzen auf der Suche nach dem perfekten Männerland-Souvenir! Mach erst mal einen Schaufensterbummel, bevor du dich festlegst. Die Klamotten, die ein Mann zur Schau trägt, sagen eine Menge über ihn aus. Es ist äußerst hilfreich, sich über die Grundlagen des Männerland-Dresscodes zu informieren, wenn man einen Mann aus der Ferne abchecken will. Dies gibt einem die Freiheit, entweder einem potenziellen Schnäppchen nachzujagen oder auf einen anderen Flohmark zu entfliehen.

Der Männerland-Dresscode

Wenn man nach einem Souvenir sucht, fällt einem oft zuerst die Verpackung ins Auge. Die Außenansicht eines Produkts sagt häufig viel über dessen Inhalt aus – so dass es einfacher ist, zu erkennen, welche Souvenirs einer näheren Betrachtung wert sind. Nimm also den Kleidungsstil des Mannes genau unter die Lupe. Bestimmte Kleidungsstücke bringen bestimmte Eigenschaften zum Ausdruck.

Klassisches weißes Hemd, blaue Krawatte und Bundfaltenhose: Dieser Mann ist beruflich erfolgreich und hat einen Job, der ihm eine ausgezeichnete zusätzliche Rentenversicherung und einen vielversprechenden Aktienbestand bietet. Du genießt vielleicht, dass er sich um dein leibliches Wohl kümmert, aber sei gewarnt: Er ist mit seiner Arbeit verheiratet und seine bevorzugte Form der Kommunikation ist es, dir Nachrichten mit Tausenden von Tippfehlern von seinem BlackBerry zu schicken.

Zerrissene Jeans und ein Metallica-T-Shirt: Dieser Mann widmet sein Leben der Erinnerung an die glorreichen Tage des Heavy Metal der achtziger Jahre. Er ist ein lebenslustiger Nostalgiker, der das Leben in vollen Zügen genießt und das Haus niemals ohne Haarspray verlässt. Er hat eine »Scheiß drauf«-Einstellung gegenüber allem, was er als »das Establishment« wahrnimmt. Er ist außerdem halbtaub und zwingt dich sicher, ihm tagein, tagaus zuzuhören, wie er Enter Sandman auf der Gitarre spielt.

Jeans, Karohemd, Gummistiefel und Hosenträger: Dieser Mann ist ein fleißiger Bauer mit einem gestählten Körper und einem unerschütterlichen Respekt vor der Natur. Er kann dir jederzeit

Fleisch der Güteklasse A besorgen. Leider fühlt er sich manchmal nachts auf seinem Bauernhof einsam und macht sich dann über die Schafe her.

Mausgrauer, schlecht sitzender Anzug, Pullunder über dem Hemd, Krawatte: Dieser Mann gehört wahrscheinlich zu irgendeiner Freikirche. Du kannst dir sicher sein, dass er gottesfürchtig ist und die Gebote streng befolgt. Aber er wird auch darauf bestehen, dass du die Gebote streng befolgst – und zu Sex vor der Ehe wirst du ihn wahrscheinlich nicht bewegen können.

Schwarzer Rollkragenpullover, schwarze Lederhose, dunkle Sonnenbrille: Dieser Mann ist ein eiserner Verfechter der Beatnick-Kultur, die ihren Höhepunkt in den Sechzigern hatte. Er ist ein tiefgründiger und nachdenklicher Künstler, der spät nachts in seinem Atelier malt und freiwillig Kafka und Tolstoi liest. Er wird dich ermuntern, dir Gedanken zu machen und die gesellschaftlichen Zustände zu hinterfragen … langweilt dich dabei aber möglicherweise zu Tode.

Karierte Hose, Hemd mit Pullunder, dicke schwarzgeränderte Brille, Hose bis über den Bauchnabel gezogen: Dieser Mann ist ein komischer Kauz. Er kann jedes deiner Computerprobleme lösen, den gesamten Brockhaus wortgetreu rezitieren und spricht die Sprache der Vulkanier fließend. Im Allgemeinen hat dieser Mann nicht viel Erfahrung im Umgang mit dem weiblichen Geschlecht. Ihm beizubringen, wie man eine Frau geistig und körperlich stimuliert, könnte Jahre in Anspruch nehmen.

Gefälschter Gucci-Anzug und gefälschte Prada-Schuhe: Dieser Mann arbeitet in der Branche der »Abfallbeseitigung« und bezahlt alles in bar. Er trägt einen Spitznamen wie »Eddie die Machete« und scheint immerzu an Beerdigungen teilzunehmen. Wenn du mit ihm ausgehst, bekommt ihr in den italienischen Restaurants immer den besten Tisch. Aber richte dich nicht auf eine langfristige Beziehung ein, denn er wird wahrscheinlich nicht mehr lange leben.

Bermudashorts, ein Hawaiihemd, Flipflops und eine Ray-Ban-Sonnenbrille: Dieser Mann ist ein im höchsten Maße unreifer, aber entspannter Surfer, der es für »verantwortungsvoll« hält, mittags aufzustehen. Er hat keinen richtigen Job, verdient aber ein bisschen Geld mit dem Dealen von Haschisch und ist ein kleiner Draufgänger. Er ist meist ein spiritueller Mensch und wird dir die Grundlagen des Buddhismus erklären, damit du deinen inneren Frieden finden kannst. Man sollte aber beachten, dass dieser Mann wahrscheinlich vielen Frauen hilft, ihren inneren Frieden zu finden.

Tadelloser (geliehener) Designersmoking: Dieser Mann ist ein Filmstar mit einem Millionen-Einkommen. Er spielt mit anderen A-Promis Poker und macht auf all den Preisverleihungen, auf die er geht, reiche »Beute«. Er fliegt mit dir in seinem Privatjet zum Abendessen nach Rom, verwöhnt dich in seiner Villa am Starnberger See und stellt dich all seinen berühmten Freunden vor. Aber auch dieser Zauber hat eine Schattenseite. Du wirst nie erfahren, ob das seine richtige Nase ist.

Tarnanzug und Kampfstiefel: Dieser Mann ist beim Militär und das heißt, dass er diszipliniert, pünktlich und sportlich ist und außerdem bereit, für sein Land zu sterben. Er ist der festen Überzeugung, dass man Traditionen pflegen muss, und das bedeutet, dass du nie wieder selbst eine Tür öffnen musst, und du musst dir auch keine Sorgen machen, dass dieser Kerl deinen Geburtstag vergisst. Er wird dich jeden einzelnen Tag wie eine Dame behandeln, denn er ist ein Offizier und Gentleman. Leider wird er sich weigern, über Gefühle zu reden – und über seine eigenen erst recht.

Greenpeace-T-Shirt, kurze Hosen aus recyceltem Toilettenpapier und Birkenstocksandalen: Dieser Mann ist ein friedliebender Umweltschützer, der die Welt zu einem besseren Ort machen will. Mit anderen Worten, er engagiert sich ehrenamtlich in Organisationen, die sich für Benachteiligte einsetzen. Leider denkt er sich deshalb auch nichts dabei, dich in ein Dritte-Welt-Land zu schleppen, um dort Bewässerungsanlagen zu bauen und zusammen mit Eingeborenen, die riesige Elefantenzähne in der Nase haben, in einer Hüte zu leben.

Sporttrikot, Sporthose, Basecap – alles mit passendem Mannschaftslogo: Dieser Mann ist ein lebenslustiger, biertrinkender Sportfan, der sein Leben dem Anfeuern seiner Lieblingsmannschaft gewidmet hat. Er kann alle möglichen Sportstatistiken herunterbeten, aber die einzigen Buchstaben, die er kennt, sind DSF. Er ist das Souvenir, das einem zusagt, wenn man ein wenig Spaß haben will – seine angeborene Lebensfreude ist ansteckend. Aber gnade dir Gott, wenn du eine tiefgründige Konversation führen willst … das einzig Tiefe, das dieser Mann kennt, ist tiefgefrorene Pizza.

Glitzerhemd, hautenge lila Samthose, Schuhe mit Absätzen und Pornobrille: Dieser Mann ist ein Zuhälter. Er hat immer viel Bargeld bei sich und ist bei den anderen Männern der Nachbarschaft ziemlich beliebt. Er hat ein großes Gefolge an Sicherheitspersonal, das aufpasst, dass du gesund und munter bleibst, und er fährt dich ganz stilvoll in seinem brandneuen Cadillac herum. Der Nachteil? Er steckt fünfzig Prozent deines Einkommens ein und bezeichnet dich als seine »Hure«.

Grünes T-Shirt, grüne Weste, Khakihose mit vielen Taschen und eine Gewehrtasche: Dieser Mann ist ein passionierter Jäger, der äußerst exakt ist, alle möglichen Tierlaute nachahmen kann und im Stande ist, dich jederzeit zu ernähren (vorausgesetzt es gibt einen Wald in der Nähe und er vergisst nicht, seine Jagderlaubnis zu verlängern). Er hat Respekt vor der Natur und schätzt die einfachen Dinge des Lebens. Oh, und es ist wirklich einfach, ihn in einer Menschenmenge zu erkennen – besonders bei der PETA-Kundgebung.

Hut, schwarze Hose und schwarzer Trenchcoat: Dieser Mann ist ein Geheimagent, weshalb er dir Geschenke von exotischen Orten mitbringen und dir ausländische Filme übersetzen kann. Der Nachteil ist, dass er nie da ist und du wahrscheinlich nie seinen richtigen Namen erfahren wirst.

Flanellhemd, zerrissene Jeans, Nirvana-T-Shirt: Dieser Mann ist ein Anhänger der Grunge-Szene. Er ist cool und braucht weiter nichts als eine Tasse Kaffee und seine akustische Gitarre. Er wird dir beibringen, die ausgetretenen Pfade zu verlassen und sich nicht mit dem Status quo abzufinden. Außerdem wird er dir klarmachen, dass es das Land vor einer Dürre bewahrt, wenn man nur einmal in der Woche duscht.

Hose auf halb acht, sechzig Kilogramm Gold um den Hals, Basketballshirt und funkelnagelneue Nike-Turnschuhe: Dieser Mann ist ein Möchtegern-Gangsta-Rapper. Er beherrscht Breakdance und kennt alle Songs von Eminem und 50 Cent auswendig. Er behängt dich mit Schmuckstücken in der Größe von Kühlerhauben und verschafft dir Zutritt zu den besten Clubs der Stadt. Da er aber immer ein ganzes Waffenarsenal mit sich herumschleppt, ist es verdammt schwierig, mit ihm durch die Sicherheitskontrolle am Flughafen zu kommen.

Internetshopping im Männerland

Dank des Internets kann eine Touristin heutzutage auch bequem von ihrem Hotelzimmer aus Männerland-Souvenirs einkaufen. Millionen Männerlandbürger werben im Internet mit ihrer Marktfähigkeit um Touristinnen. Internetshopping ist äußerst angenehm und man kann viel Spaß haben, während man den Markt sondiert. Aber der Schaufensterbummel im Männerland-Cyberspace kann auch gefährlich sein. Der Mann nutzt die Anonymität des Online-Marktes gern aus, um die Wahrheit etwas auszuschmücken oder in einigen Fällen auch ganz neu zu gestalten. Es ist an dir, zwischen den Zeilen zu lesen und herauszufinden, was er *wirklich* sagt. Wenn zum Beispiel im Profil eines Mannes steht, dass er »erfolgreich« ist, kann das bedeuten, dass er *erfolgreich* das Leben eines Verlierers führt. Es hat auch nichts zu sagen, wenn der Mann sich als »süß« beschreibt. Auch ein Wombat kann »süß« sein. Was, wenn er behauptet, ein »netter Kerl« zu sein? Vergiss ihn. Ted Bundy war auch ein »netter Kerl« – bis er zig Frauen umgebracht hat. Hinweise auf den wahren Charakter des Mannes sind in jeder Zeile der Selbstdarstellung, die er im Cyberspace verbreitet, versteckt. Lerne, sie zu erkennen, oder du wirst mit einem Wombat von deiner Reise zurückkehren. Oder schlimmer noch mit einem Ted Bundy.

Der Mann behauptet: »Ich heiße Joe.«
Übersetzung: »Ich heiße Hubert, aber das gebe ich nicht zu.«

Der Mann behauptet: »Ich suche eine ehrliche, intelligente und witzige Frau.«
Übersetzung: »Ich suche eine Frau mit großen Brüsten, einem knackigen Hintern und reichen Eltern.«

Der Mann behauptet: »Unter einem romantischen Date stelle ich mir vor, händchenhaltend am Strand spazieren zu gehen und den Mond anzuschauen.«
Übersetzung: »Unter einem romantischen Date stelle ich mir vor, drei Pornos zu gucken und diese dann vor einer Videokamera nachzustellen.«

Der Mann behauptet: »Das Letzte, was ich gelesen habe, war *Krieg und Frieden*.«
Übersetzung: »Ich hab mal irgendwann die Zusammenfassung von *Krieg und Frieden* auf Wikipedia gelesen.«

Der Mann behauptet: »Ich gehe regelmäßig ins Fitnessstudio.«
Übersetzung: »Ich denke regelmäßig darüber nach, ins Fitnessstudio zu gehen.«

Der Mann behauptet: »Ich bin Pianist.«
Übersetzung: »Ich habe ein Keyboard und kann den *Flohwalzer* spielen.«

Der Mann behauptet: »Meine Lieblingsfilme sind *Stirb langsam I und II*, *Stirb langsam – jetzt erst recht* und *Stirb langsam 4.0*.«
Übersetzung: »Ich bin hetero.«

Der Mann behauptet: »Meine Lieblingsfilme sind *Vom Winde verweht*, *Notting Hill* und *Schlaflos in Seattle*.«
Übersetzung: »Ich bin schwul.«

Der Mann behauptet: »Meine Traumfrau ist klug, leidenschaftlich und tierlieb.«
Übersetzung: »Meine Traumfrau ist klüger als eine Fruchtfliege, aber dümmer als ich, immer geil und bereit, vor der Kamera Dinge mit Tieren zu tun.«

Der Mann behauptet: »Ich bin ein eiserner Umweltschützer.«
Übersetzung: »Ich recycle gelegentlich meine Bierflaschen.«

Der Mann behauptet: »Ich bin erfolgreich.«
Übersetzung: »Ich brate erfolgreich Burger bei McDonald's.«

Der Mann behauptet: »Ich liebe Kinder.«
Übersetzung: »Ich liebe Kinder, weil sie mich erwachsener wirken lassen.«

Der Mann behauptet: »Ich möchte mich niederlassen und mit jemand Besonderem zusammen alt werden.«
Übersetzung: »Ich werde vielleicht mal unheilbar krank und ich möchte, dass dann jemand da ist, der meine Bettpfanne ausleert.«

Der Mann behauptet: »Ich bin sensibel.«
Übersetzung: »Ich kann Weinen gut vortäuschen.«

Der Mann behauptet: »Ich bin Christdemokrat.«
Übersetzung: »Ich habe Geld.«

Der Mann behauptet: »Ich bin Sozialdemokrat.«
Übersetzung: »Ich habe kein Geld.«

Der Mann behauptet: »Ich bin Liberaler.«
Übersetzung: »Ich habe Geld ... und bin insgeheim schwul.«

Der Mann behauptet: »Ich lasse mich von Jesus führen.«
Übersetzung: »Ich lasse mich vom Teufel führen, aber das kommt meist nicht so gut an bei den Frauen.«

Der Mann behauptet: »Ich mag ausländische Filme.«
Übersetzung: »Ich mag ausländische Filme, weil sie freizügiger sind.«

Der Mann behauptet: »Ich bin Arzt.«
Übersetzung: »Ich sehe mir *Emergency Room* an.«

Der Mann behauptet: »Ich bin seit Kurzem Single.«
Übersetzung: »Ich hatte schon so lange keinen Sex mehr, dass meine Genitalien ganz eingerostet sind.«

Der Mann behauptet: »Das ist das erste Mal, dass ich Online-Dating versuche.«
Übersetzung: »Ich mache den Mist schon seit 1998.«

Der Mann behauptet: »Ich bin ein Einzelgänger.«
Übersetzung: »Ich bin ein Serienkiller.«

Der Mann behauptet: »Ich mag Frauen, die häufig und gern Sport treiben.«
Übersetzung: »Ich mag keine dicken Frauen.«

Der Mann behauptet: »Ich mag Frauen, die Yoga machen.«
Übersetzung: »Ich mag Frauen, die sich ihre Füße hinter die Ohren klemmen können.«

Der Mann behauptet: »Ich mag es, wenn es beim Essen locker zugeht.«
Übersetzung: »Ich mag es billig.«

Der Mann behauptet: »Ich bin gut in Form.«
Übersetzung: »Ich habe noch alle meine Gliedmaßen.«

Der Mann behauptet: »Ich gehe neben meiner Arbeit mehreren ehrenamtlichen Tätigkeiten nach.«
Übersetzung: »Ich hab schon einmal in einer Kirche einen Euro gespendet.«

Der Mann behauptet: »Ich bin groß, dunkelhaarig und gutaussehend.«
Übersetzung: »Ich bin klein, blass und sehe komisch aus.«

Der Mann behauptet: »Ich möchte sesshaft werden.«
Übersetzung: »Meine Mutter schmeißt mich raus.«

Der Mann behauptet: »Ich besitze ein Boot.«
Übersetzung: »Ich habe noch ein Schlauchboot aus meinen Tagen als Pfadfinder.«

Der Mann behauptet: »Ja, ich stehe kurz vor dem Abschluss einiger großer Verträge.«
Übersetzung: »Ich verkaufe alle meine gebrauchten DVDs auf eBay.«

Der Mann behauptet: »Ich wollte nicht studieren.«
Übersetzung: »Mich hat keine Uni genommen.«

Der Mann behauptet: »Ich bin in letzter Zeit viel auf Reisen gewesen.«
Übersetzung: »Ich bin gerade eben aus dem Gefängnis ausgebrochen.«

Der Mann behauptet: »Die Leute sagen immer zu mir, dass ich wie eine Mischung aus Brad Pitt und Johnny Depp aussehe.«
Übersetzung: »Ich habe Haare und Augen.«

Der Mann behauptet: »Ich habe Literatur studiert.«
Übersetzung: »Ich habe Schwachsinnerzählen studiert.«

Der Mann behauptet: »Ich bin total aufgeschlossen.«
Übersetzung: »Ich habe mit so ziemlich allen und jedem Sex.«

Der Mann behauptet: »Ich stehe meiner Mutter sehr nahe.«
Übersetzung: »Ich wohne bei meiner Mutter.«

Der Mann behauptet: »Ich bin auf Stellensuche.«
Übersetzung: »Ich bin arbeitslos.«

Gängige Anmachsprüche

Für diejenigen, die nicht im Internet nach passenden Männerland-Souvenirs suchen möchten, sondern lieber direkt mit den Einheimischen in Kontakt treten wollen, bietet die Bar-Landschaft des

Männerlandes eine große Auswahl an Produkten. Dort kommen männliche Bürger aller Formen und Größen zusammen, um etwas zu trinken und ganz unverhohlen zu versuchen, jemanden aufzureißen – was oft erbärmlich wirkt. Eine Touristin wird aufgrund dieses aggressiven Verhaltens einige Qualen erleiden – es ist, als wäre sie blutüberströmt in ein Haifischbecken gesprungen. Wenn man sich in einer Männerland-Bar einfindet, zieht man unweigerlich jeden Trottel an, der ein bisschen Bestätigung sucht. Bei dem Versuch, jemanden klarzumachen, wird sich dir der Mann langsam nähern, während du auf deinem Barhocker sitzt, und ein Gespräch anfangen. Er wird nach allen Regeln der Kunst versuchen, deine Deckung zu überwinden und dich aus deinen Klamotten zu zaubern. Lass dich nicht zum Narren halten. Wenn man es richtig entschlüsselt, offenbart das Mannsprech der Bar die wahren Absichten, die hinter jedem Schritt dieser gewieften Kreatur stecken. Je schneller man lernt, zwischen den Zeilen zu lesen, umso einfacher wird es sein, die Frösche von den Prinzen zu unterscheiden.

Der Mann sagt: »Hallo.«
Übersetzung: »Ich will mit dir schlafen.«

Der Mann sagt: »Wie geht es dir?«
Übersetzung: »Ich will immer noch mit dir schlafen.«

Der Mann sagt: »Verzeihung, ist dieser Platz noch frei?«
Übersetzung: »Ich werde in deiner Nähe bleiben, egal wie deine Antwort lautet.«

Der Mann sagt: »Darf ich dir einen ausgeben?«
Übersetzung: »Je betrunkener du bist, desto einfacher wird es für mich.«

Der Mann sagt: »Kommst du öfter hierher?«
Übersetzung: »Bist du Alkoholikerin?«

Der Mann sagt: »Wohnst du hier in der Nähe?«
Übersetzung: »Sex im Bett wäre viel bequemer als da hinten auf dem Klo, oder?«

Der Mann sagt: »Bist du allein hier?«
Übersetzung: »Wenn ich dich kidnappen und in meinem Keller anketten würde, würde es jemandem auffallen, dass du weg bist?«

Der Mann sagt: »Du siehst aus, als würdest du Yoga machen.«
Übersetzung: »Du siehst aus, als könntest du dich auf fünfhundert verschiedene Weisen verbiegen.«

Der Mann sagt: »Ich gehe eigentlich nicht so gerne in Bars.«
Übersetzung: »Ich bin fast jeden Abend hier und gebe langsam die Hoffnung auf.«

Der Mann sagt: »Du hast wunderschöne Augen.«
Übersetzung: »Du hast schöne Brüste.«

Der Mann sagt: »Ich bin wirklich ein netter Kerl.«
Übersetzung: »Meine Exfreundinnen halten mich für ein Arschloch.«

Der Mann sagt: »Lass uns doch für einen Moment vor die Tür gehen.«
Übersetzung: »Ich habe gerade meine Exfreundin auf der anderen Seite des Raums gesehen.«

Der Mann sagt: »Du kannst mir vertrauen.«
Übersetzung: »Du kannst mir nicht vertrauen.«

Der Mann sagt: »Ich habe mich vor kurzem von jemandem getrennt.«
Übersetzung: »Ich wurde gerade verlassen.«

Der Mann sagt: »Ich habe noch nie so schnell solch eine Verbundenheit zu jemandem gespürt.«
Übersetzung: »Ich habe diesen Spruch neulich zu einer Frau gesagt und sie ist tatsächlich mit zu mir gekommen.«

Der Mann sagt: »Ich bin nicht wie die anderen Typen.«
Übersetzung: »Das Einzige, was mich von den anderen Idioten in dieser Bar unterscheidet, ist meine Sozialversicherungsnummer.«

Der Mann sagt: »Ich könnte stundenlang mit dir reden.«
Übersetzung: »Ich könnte stundenlang mit dir über mich reden.«

Der Mann sagt: »Ich würde dich gern besser kennenlernen.«
Übersetzung: »Ich würde dich gern nackt ausziehen und mit Schlagsahne besprühen.«

Der Mann sagt: »Du siehst exotisch aus.«
Übersetzung: »Bist du eine illegale Einwanderin?«

Der Mann sagt: »Bist du eine echte Blondine?«
Übersetzung: »Kannst du ohne Taschenrechner ausrechnen, was zwei plus zwei ist?«

Der Mann sagt: »Bei mir zu Hause ist gerade der Kammerjäger.«
Übersetzung: »Meine Freundin ist zu Hause.«

Hilfreiche Antworten auf billige Anmachsprüche

Erbärmliche Baggersprüche in Männerland-Anmachschuppen zu erkennen ist wichtig, das wirst du auf deiner Reise immer und immer wieder merken. Aber das Übel zu erkennen ist nur die halbe Miete – die Beseitigung desselben ist der Schlüssel zum Erfolg. Wenn du das Opfer ungewollter Annäherungsversuche wirst, benutze eine dieser praktischen Antworten, um dich sofort und mit Leichtigkeit aus der Affäre zu ziehen. Das gibt dir die Möglichkeit, weiter in Ruhe nach einem passenden Souvenir Ausschau zu halten.

Der Trottel sagt: »Verzeihung, ist der Platz besetzt?«
Deine Antwort: »Nein. Belassen wir's dabei.«

Der Trottel sagt: »Kenne ich dich nicht aus irgendeiner Zeitschrift?«
Deine Antwort: »Ja, aber du solltest in der Öffentlichkeit wirklich nicht zugeben, dass du Schwulenmagazine liest.«

Der Trottel sagt: »Ich bekomme das, was sie hat.«
Deine Antwort: »Ich bekomme ein Baby. Danke, dass du deine Hilfe anbietest.«

Der Trottel sagt: »Du bist doch ein Model, oder?«
Deine Antwort: »Und du bist doch ein Idiot, oder?«

Der Trottel sagt: »Du hast wunderschöne Augen.«
Deine Antwort: »Umso besser kann ich sehen, dass du nicht den Hauch einer Chance hast.«

Der Trottel sagt: »Ich will dich wirklich gern kennenlernen.«
Deine Antwort: »Leider bekommen wir nicht immer das, was wir wollen.«

Der Trottel sagt: »Was? Dieses Ding? Nein, das ist kein Ehering.«
Deine Antwort: »Lustig, genau dasselbe hat deine Frau zu dem Typen da drüben gesagt.«

Der Trottel sagt: »Normalerweise mache ich so etwas nicht.«
Deine Antwort: »Gut, denn du bist darin echt scheiße.«

Der Trottel sagt: »Was hältst du davon, von hier zu verduften und zu mir zu gehen?«
Deine Antwort: »Was hältst du davon, wenn du von hier verduftest und allein zu dir gehst?«

Der Trottel sagt: »Ich spüre, dass eine Verbindung zwischen uns besteht.«
Deine Antwort: »Schön. Dann schau mal, ob du sie auch aus weiter Ferne spürst.«

Der Trottel sagt: »Geht es nur mir so oder ist es vorherbestimmt, dass wir zusammenkommen?«
Deine Antwort: »Es geht nur dir so.«

Der Trottel sagt: »Ich bin nicht wie andere Männer.«
Deine Antwort: »Aha, du bist also wie andere Frauen?«

Der Trottel sagt: »Ich habe zu Hause einen Whirlpool.«
Deine Antwort: »Fein, geh und ersäuf dich darin.«

Der Trottel sagt: »Was macht eine Frau wie du an einem Ort wie diesem?«
Deine Antwort: »Sie versucht, Idioten wie dir aus dem Weg zu gehen.«

Der Trottel sagt: »Ich glaube, wir sind uns schon mal irgendwo begegnet.«
Deine Antwort: »Das glaube ich auch. Und du bist schon damals kläglich gescheitert.«

Die Kunst der Verführung im Männerland

Der Mann ist von Natur aus ein sexuelles Wesen. Fast alles erregt ihn. Der natürliche Instinkt der Frau gebietet es ihr, Höllenqualen durchzustehen: Sie reißt sich jedes einzelne Körperhärchen aus und quetscht sich in lächerlich komplizierte Dessous von Victoria Secret. Die Verführung im Männerland verlangt keine so aufwendige Vorbereitung. Man kann einen Mann schneller anmachen als einen Lichtschalter und zwar mit viel einfacheren Methoden. Versuch es einmal damit:

1. Balanciere einen Teller mit gebratenem Fleisch auf deinem nackten Busen.
2. Ruf den Mann auf seinem Handy an und bete die Liste der Bundesliga-Torschützenkönige herunter.
3. Bitte den Mann, ihm dabei zusehen zu dürfen, wie er sich die Zehennägel über dem Badezimmerwaschbecken schneidet.
4. Lass den Mann dabei zusehen, wie du dir die Zehennägel über dem Badezimmerwaschbecken schneidest.
5. Wasche deine Haare mit Bier.
6. Lass dir das Logo der Lieblingsmannschaft des Mannes auf den Hintern tätowieren.
7. Nimm nicht ab, wenn deine Mutter anruft.
8. Lass den Schimmel, der sich auf deinem Duschvorhang ausbreitet, einfach weiterwuchern.
9. Zünde überall im Haus Kerzen an und leg einen Horrorfilm ein.
10. Sag dem Mann, dass er sich das Spiel mit seinen Kumpels ansehen kann.

Das erste Date

Angenommen du warst auf deiner Männerland-Shoppingtour erfolgreich. Nachdem du überall nach dem perfekten Souvenir gesucht hast, bist du endlich fündig geworden und hast eins gefunden, das eine Investition wert sein könnte. Man sollte aber zuerst ein bisschen Zeit mit dem potenziellen männlichen Partner verbringen, bevor man ihn sich wirklich zulegt. Man würde ja auch in einem schottischen Souvenirladen keine hundert Mäuse für einen Pullover hinblättern, ohne diesen vorher anprobiert zu haben. Mach mit dem Mann eine Art Probefahrt, wenn du so willst. Und gib Acht, dass er den Zollbestimmungen entspricht.

Der Ort, den der Mann für euer erstes Date aussucht, sagt eine Menge darüber aus, was für ein Souvenir er ist. Die Wahl des Ortes sendet viele unterschwellige Botschaften aus.

Ort/Aktivität – Bedeutung

Zoo – »Ich habe heute morgen nicht geduscht und hoffe, dass die Affen meinen Geruch übertünchen werden.«

Strand – »Ich möchte wirklich gern wissen, wie du im Bikini aussiehst ... Außerdem haben meine Füße ein Peeling nötig und Sand eignet sich großartig dafür.«

Motorrad fahren – »Ich steh auf die Freiheit der Straße und mag den Nervenkitzel, nicht zu wissen, ob mein Date hinten runterfallen wird oder nicht.«

Tauchen – »Ich mag den Wet-Look.«

Museum – »Ich möchte, dass du mich für intellektuell hältst, aber eigentlich schaue ich mir nur gern die griechischen Skulpturen nackter Frauen an.«

Automobilausstellung – »Die Autoausstellung hatte ich total vergessen, als ich dich um eine Verabredung gebeten habe, und dann wusste ich nicht, wie ich da wieder rauskommen soll.«

Ausflug in die Berge – »Ich liebe die Natur und dort ist es einfach, dich loszuwerden, falls wir uns nicht verstehen sollten.«

Bowlingbahn – »Ich bin fest entschlossen, meine Finger heute Abend *irgendwo* hineinzustecken ... und wenn es nur eine Kugel sein sollte.«

Freizeitpark – »Ich steh auf Kotzen und ich bin bereit, 1000 Mäuse auszugeben, um ein Kuscheltier im Wert von drei Piepen zu gewinnen.«

Spaziergang im Park – »Ich bin knauserig und außerdem musste der Hund sowieso mal raus, ich schlage also zwei Fliegen mit einer Klappe.«

Rockkonzert – »Ich weiß nicht, worüber wir uns zwei Stunden lang unterhalten sollen, und das erleichtert uns die Sache. Außerdem dröhne ich mich gern zu.«

Picknick – »Ich möchte, dass du mich für romantisch hältst, obwohl wir beide wissen, dass es nicht romantisch ist, auf einer Wiese zu sitzen, während die Ameisen über einen hinwegkrabbeln, und etwas zu essen, das zwei Stunden lang in einem Korb in der prallen Sonne lag.«

Abendessen bei seinen Eltern – »Meine Alten denken, ich sei schwul, und das wird sie beruhigen.«

Sportveranstaltung – »Mein Kumpel hat mir in letzter Minute abgesagt, es ist also gut, dass du Zeit hattest, seinen Platz einzunehmen.«

Musical – »Ich bin entweder schwul oder denke darüber nach, schwul zu werden.«

Ballett – »Ich fühle mich männlich genug, um ein paar Stunden lang Männer mit Beulen in ihren Strumpfhosen anzustarren.«

Oper – »Ich leide an Schlaflosigkeit und nehme den Ausdruck ›mit seiner Freundin schlafen‹ wörtlich.«

Apfelernte – »Insgeheim verabscheue ich Frauen und ich gebe dem weiblichen Geschlecht die Schuld am Sündenfall.«

Reiten – »Nichts bringt mich einer Frau näher, als ihr auf einer Spur aus Mist zu folgen.«

Starbucks – »Ich hatte noch nie einen originellen Einfall.«

Mit seinen Freunden in eine Bar gehen – »Ich traue meinem eigenen Urteilsvermögen nicht, deshalb sollen dich meine Kumpel auch auschecken.«

Kino – »Wenn wir während des Films nicht rummachen sollten, habe ich wenigstens noch das Popcorn.«

Wrestling-Show – »Ich bin mir ziemlich sicher, dass ich hetero bin, aber trotzdem fühle ich mich von diesen riesigen Männern in Gymnastikanzügen und Strumpfhosen irgendwie angezogen.«

In seinem Privatjet zum Abendessen nach Italien fliegen – »Du hast soooo ein Glück, dass ich mich mit dir abgebe.«

Nachtclub – »Wenn es mit dir nicht klappen sollte, finde ich vielleicht eine andere, die mit zu mir kommt.«

Schlittschuhlaufen – »Ich bin romantisch und altmodisch und ich mag Celine Dion wirklich gern.«

Horrorfilm – »Ich hoffe, du fürchtest dich so sehr, dass du in meine Arme flüchtest und aus Versehen meinen Intimbereich streifst.«

Marathon ausländischer Filme – »Ich möchte, dass du mit deinem Kopf auf meinem Schoß einschläfst.«

Briefmarkenausstellung – »Ich bin der größte Langweiler der Welt.«

Actionfilm – »Ich werde mir diesen Film mit dir oder ohne dich ansehen – du bist lediglich ein Accessoire.«

KINO-KÖRPERSPRACHE

Die Körpersprache eines Mannes bei einem Date sagt viel über seine Absichten aus. Wenn er …

1. euch Plätze in der letzten Reihe besorgt: Der Mann plant einen Annäherungsversuch, sobald der Film angefangen hat.
2. Nachos mit Käsedip kauft: Der Mann hat nicht vor, einen Annäherungsversuch zu starten.
3. immer wieder aufsteht: Der Mann hat zu viel Popcorn gegessen und leidet an Durchfall.
4. sich streckt und ausufernd gähnt und dann seinen Arm auf die Lehne deines Sitzes legt: Der Mann versucht, dich zu begrapschen. (Der älteste Trick der Welt, aber die Trottel machen es immer noch.)

5. herumzappelt und hin und wieder laut seufzt: Der Mann langweilt sich entweder furchtbar wegen des Films oder wegen dir.

Restaurants für das erste Date

Wenn man im Reisebüro einen Urlaub bucht, wird einem zuallererst erklärt, dass die Lage des Hotels entscheidend ist. Dies ist der Faktor, der über das Schicksal deines Aufenthalts bestimmt. Das Gleiche gilt für Restaurants im Männerland. Wenn der Mann dich mit der Wahl eures ersten Dates erst einmal angenehm überrascht oder schockiert hat, wird er dir unweigerlich vorschlagen, irgendwo etwas essen zu gehen. (Wie der weiße Hai hält es auch der Mann nicht länger als ein paar Stunden aus, sich nichts in den Mund zu stecken.) Nicht nur anhand des Essens, das der Mann zu sich nimmt, sondern auch anhand der Orte, an denen er isst, kann man vieles über ihn erfahren.

Ort – Bedeutung

Imbissbude – »Ich bin geizig und kann mich auf eine Zukunft mit Magen-Darm-Problemen freuen.«

Imbissbude mit Campingtischen – »Ich bin geizig und werde Magen-Darm-Probleme bekommen, aber ich möchte mir trotzdem die Zeit nehmen, dich kennenzulernen.«

Imbissbude, an der es Hotdogs und Fisch gibt – »Ich bin geizig und bereit, dich Kolibakterien auszusetzen, aber ich lege schon Wert darauf, dir eine gewisse Auswahl an minderwertigem Fleisch und Meeresfrüchten zu bieten.«

Imbissbude, die nur Veggie-Burger verkauft – »Ich trete für den Tierschutz ein, aber es ist mir völlig egal, wenn unschuldige Stücke Tofu umgebracht werden.«

Fast-Food-Restaurant – »Ich möchte dieses Date eher kurz halten, denn ich hab danach noch was mit den Kumpels vor.«

Drive-in eines Fast-Food-Restaurants – »Ich möchte dieses Date wirklich sehr kurz halten.«

Sushi-Bar – »Ich bin extravagant, weltoffen und kulturbewusst, aber ich weiß nicht, wie man eine Gabel benutzt.«

Äthiopisches Restaurant – »Ich bin mir der sozialen Notlage in Dritte-Welt-Ländern bewusst und noch bewusster bin ich mir der Ironie, dass es solch ein Restaurant gibt.«

Kleines italienisches Restaurant in einer versteckten Seitenstraße – »Ich habe Verbindungen zur Mafia und es ist ziemlich wahrscheinlich, dass mich jemand verprügeln wird, während du dein Tiramisu isst.«

Olivenhain – »Ich habe rein gar nichts mit der Mafia zu tun, möchte aber, dass du das glaubst ... Außerdem bekommen wir unendlich viel Salat und Brot.«

Vier-Sterne-Restaurant, aber er lässt dich nur von der Tageskarte wählen – »Ich möchte dich beeindrucken, aber nur mit einer Auswahl an drei Vorspeisen, drei Hauptgerichten und einem Dessert mit Kaffee oder Tee – mehr gibt es nicht.«

Vier-Sterne-Restaurant, in dem du bestellen darfst, was du willst – »Ich möchte dich beeindrucken … aber bitte bestell dir nicht den Hummer.«

Picknick im Park – »Ich möchte in der Öffentlichkeit sein, für den Fall, dass du dich als Psychopathin herausstellst.«

Tütennudelsuppe bei ihm – »Ich hab kein Geld, halte aber so viel von dir, dass ich mir die Mühe mache, Wasser zu kochen.«

Etwas zu ihm nach Hause bestellen – »Ich find's super, die Boten auf ihren Fahrrädern im Regen durch die Stadt zu jagen.«

Er kocht dir bei sich zu Hause ein Feinschmeckermenü – »Ich bin ein begabter Koch und wenn wir bei mir essen, ist es viel einfacher, dich ins Schlafzimmer zu kriegen.«

Mannsprech beim ersten Date

Der Unterschied zwischen der wunderschönen Kette, die du dir letztes Jahr aus Mexiko mitgebracht hast, und dem wunderschönen Mann, den du dir von dieser Reise mitbringen wirst, ist, dass Letzterer sprechen kann. Und genau darin besteht das Problem. Da sitzt du also in dem Restaurant, hast dich in ein zwei Nummern zu kleines Kleid gequetscht, schwankst auf deinen High Heels, die so hoch sind, dass du zum Laufen eigentlich Krücken brauchst. Du verstehst die Speisekarte kaum und hast keine

Ahnung, in welcher Zeitzone du dich befindest. Und zum krönenden Abschluss kannst du dich nicht einfach zurücklehnen und die Aussicht genießen, sondern musst aufmerksam zuhören, was der Mann bei diesem ersten Date sagt. Das, was aus seinem Mund kommt, kann dir bei der Entscheidung helfen, ob du dieses Souvenir behalten möchtest oder nicht.

Wenn der Mann zum Beispiel sagt, dass er dich »interessant« findet, sagt er das, weil er es wirklich meint? Oder findet er die Vorstellung, dass du nach sechs Martini nackt in seinem Bett landest, interessant? Ist der Mann wirklich der wohlhabende Bankdirektor, der er behauptet zu sein? Oder arbeitet er halbtags als Profikiller und plant, dich umzulegen und in winzigen Portionen einzufrieren? Und was vielleicht am wichtigsten ist, wenn der Mann sagt, du kannst »alles« bestellen, was du willst, meint er dann wirklich »alles«?

Je schneller du weißt, mit wem du es zu tun hast, desto schneller kannst du entscheiden, ob du dieses Modell Mann mit aufs Festland nehmen willst. (Und ob du den Hummer bestellen darfst.)

Reisetipp: Das Äussere des Mannes

Man sollte den Mann immer loben, wenn er besonders attraktiv, gut angezogen und gepflegt aussieht. Wenn man es nicht tut, wird er nichts daran finden, tagelang nicht zu duschen und seine Unterwäsche wiederzuverwerten.

Der Mann sagt: »Entschuldige, dass ich zu spät komme.«
Übersetzung: »Ich habe mich draußen im Gebüsch versteckt, um sicherzugehen, dass du keine Vogelscheuche bist.«

Der Mann sagt: »Mein Auto ist kaputt, also musste ich ein Taxi nehmen.«
Übersetzung: »Ich habe gar kein Auto – ich hab den Bus genommen.«

Der Mann sagt: »Erlaube mir, dass ich dir den Stuhl zurechtrücke.«
Übersetzung: »Lass mich einen Blick auf deinen Hintern werfen.«

Der Mann sagt: »Von Meeresfrüchten bekommt man Gicht.«
Übersetzung: »Wage es nicht, den Hummer zu bestellen.«

Der Mann sagt: »Hä. Lustig. Da stehen gar keine Preise auf der Karte.«
Übersetzung: »Scheiße, das ist ein Vier-Sterne-Restaurant!«

Der Mann sagt: »Ich finde deinen Pullover schön.«
Übersetzung: »Ich finde schön, wie deine Brüste in dem Pullover aussehen.«

Der Mann sagt: »Bestell dir, was du möchtest.«
Übersetzung: »Für jeden Euro, den du mich kostest, darf ich deine Brüste einmal anfassen.«

Der Mann sagt: »Meine letzte Freundin hat zu sehr geklammert.«
Übersetzung: »Ich habe meine letzte Freundin betrogen.«

Der Mann sagt: »Erzähl mir etwas von dir.«
Übersetzung: »Erzähl mir ruhig etwas von dir, aber ich werde dir nicht zuhören.«

Der Mann sagt: »Wann hast du Geburtstag?«
Übersetzung: »Wie alt bist du?«

Der Mann sagt: »Entschuldige mich für einen Moment, ich muss mal auf die Toilette.«
Übersetzung: »Entschuldige mich für einen Moment, ich muss mir einen runterholen gehen.«

Der Mann sagt: »Meine Haare sind so kurz, weil ich bei der Armee bin.«
Übersetzung: »Ich bekomme eine Glatze.«

Der Mann sagt: »Ich bin für die Gleichberechtigung der Frau.«
Übersetzung: »Du übernimmst die Rechnung, oder?«

Der Mann sagt: »Wie viele Beziehungen hattest du schon?«
Übersetzung: »Bist du eine Schlampe?«

Der Mann sagt: »Ich rede mit keiner meiner Exfreundinnen.«
Übersetzung: »Ich habe alle meine Exfreundinnen in kleine Stücke zersägt und ihre Überreste unter den Wohnzimmerdielen versteckt.«

Der Mann sagt: »Ach, ich schaue mir nur Dokumentationen im Fernsehen an.«
Übersetzung: »Ich bin süchtig nach Reality-TV, schäme mich aber zu sehr, um es zuzugeben.«

Der Mann sagt: »Ich bin hetero.«
Übersetzung: »Ich bin hetero, aber als ich mir *Brokeback Mountain* angesehen habe, hat das so ein Kribbeln bei mir verursacht. Seitdem sehne ich mich danach, in den Bergen Schafe zu hüten und zwar zusammen mit einem starken Cowboy.«

Der Mann sagt: »Ich bin schon eine Weile Single, aber nur weil ich so wählerisch bin.«
Übersetzung: »Niemand mag mich und keine Frau will mit mir ausgehen.«

Der Mann sagt: »Oh, ich überprüfe gerade meine beruflichen Möglichkeiten.«
Übersetzung: »Ich bin arbeitslos.«

Der Mann sagt: »Ähm, meine Tante ist im Krankenhaus, also bekomme ich vielleicht einen Anruf und muss dann gehen.«
Übersetzung: »Ich bin mir nicht sicher, ob ich das mit dir durchstehe.«

Der Mann sagt: »Was erwartest du von einem Mann?«
Übersetzung: »Was wirst du an *mir* absolut bezaubernd finden?«

Der Mann sagt: »Was mochtest du an deinem letzten Freund am wenigsten?«
Übersetzung: »Welche Aspekte meiner Persönlichkeit verberge ich lieber vor dir?«

Der Mann sagt: »Diese Narbe stammt von einer alten Kneipenprügelei.«

Übersetzung: »Diese Narbe habe ich, weil ich gegen eine Tür gelaufen bin.«

Der Mann sagt: »Ich hoffe, dein Essen schmeckt.«
Übersetzung: »Kann ich haben, was du nicht aufisst? Ich habe schließlich dafür bezahlt.«

Der Mann sagt: »Lass uns zu dir gehen.«
Übersetzung: »Du willst sicher nicht in meiner *Star Wars*-Bettwäsche mit mir schlafen.«

Der Mann sagt: »Essen wir noch ein Dessert.«
Übersetzung: »Du bist gar nicht mal so übel.«

Der Mann sagt: »Die Rechnung, bitte.«
Übersetzung: »Ich habe genug von diesem Date.«

Der Mann sagt: »Kellner! Noch eine Flasche Wein, bitte.«
Übersetzung: »Ich möchte mich morgen an nichts erinnern können.«

Der Mann sagt: »Ah, da kommt die Rechnung.«
Übersetzung: »Mal sehen, ob du dein Portemonnaie herausholst.«

Der Mann sagt: »Ich nehme kein Dessert. Ich bin auf Diät.«
Übersetzung: »Ich kann mir die Rechnung nicht leisten.«

Wie man einen Mann abtörnt

Manchmal verbringen Touristinnen so viel Zeit damit, sich die Sehenswürdigkeiten ihres Gastlandes anzugucken, dass sie am Ende des Tages total erschöpft sind. Das Letzte, was sie dann wollen, ist Liebe machen. Wenn du also ungewollt das Ziel amouröser Anwandlungen seitens des Mannes wirst, gibt es ein paar Dinge, mit denen du ihm ganz schnell den Wind aus den Segeln nehmen kannst:

1. Rasier dir den Schambereich so, dass er dem Gesicht der Mutter des Mannes ähnelt.
2. Nimm Rasierwasser.
3. Sag dem Mann, dass du dir ein Baby wünschst.
4. Lass dir die Achselhaare wachsen und benutze kein Deo mehr.
5. Rede über deine Gefühle.
6. Bitte den Mann, über seine Gefühle zu reden.
7. Bedecke deinen nackten Körper mit Schaum von alkoholfreiem Bier.
8. Sag dem Mann, dass du Kopfschmerzen hast.
9. Stell ein Foto von deiner Mutter auf den Nachttisch.
10. Sag dem Mann, dass du deinen Eisprung hast, die Pille nicht mehr nimmst und auf Latex allergisch bist.

Mannsprech am Ende des ersten Dates

Du hast die anstrengende Konversation des ersten Dates also überstanden und es geschafft, das ganze Dessert zu verschlingen. Nun ist es an der Zeit, auseinanderzugehen. Aber man weiß nicht, was der Mann denkt. Möchte er ein zweites Date? Sex? Oder dich nie wieder anrufen? Keine Sorge! Der Mann wird seine Wünsche mit einer Reihe von Gesten und Worten andeuten – man muss nur wissen, worauf man zu achten hat.

Der Mann sagt: »Das sollten wir bald mal wieder machen.«
Übersetzung: »Das sollten wir morgen wieder machen, denn da weiß ich deinen Namen noch.«

Der Mann sagt: »Ich bring dich noch bis zu deiner Tür.«
Übersetzung: »Ich bring dich noch bis in dein Schlafzimmer.«

Der Mann sagt: »Es ist ein wenig frisch hier draußen.«
Übersetzung: »Wenn du mir die Zunge in den Hals stecken würdest, wäre mir wärmer.«

Der Mann sagt: »Wollen wir uns noch einen Film ansehen?«
Übersetzung: »Ich habe dir nichts zu sagen … und verspüre ein unbändiges Verlangen nach Erdnüssen.«

Der Mann sagt (gähnend): »Ich muss morgen früh raus, ich sollte mich also besser auf den Heimweg machen.«
Übersetzung: »Das beste an diesem Date war die Vorspeise.«

Der Mann sagt: »Gibt mir deine Festnetznummer, deine Handynummer und deine Büronummer.«
Übersetzung: »Ich werde dich auf jeden Fall anrufen.«

Der Mann sagt: »Und deine E-Mail-Adresse.«
Übersetzung: »Ich werde dir für den Rest deinen Lebens tonnenweise Viruswarnungen schicken.«

Der Mann sagt: »Ich gebe dir meine Nummer.«
Übersetzung: »Ich gebe dir eine falsche Nummer und stoße einen Seufzer der Erleichterung aus, dass du mich nie wieder erreichen kannst.«

Der Mann sagt: »Es war schön, dich kennenzulernen.«
Übersetzung: »Es ist schön, dass dieses Date zu Ende ist.«

Der Mann sagt: »Ich bestehe aber darauf, dich nach Hause zu bringen.«
Übersetzung: »Ich fahre einen Leihwagen und möchte die unbegrenzte Kilometeranzahl ausnutzen.«

Der Mann sagt: »Ich hoffe, dein Essen hat dir geschmeckt.«
Übersetzung: »Ich würde sagen, ich habe es verdient, dass du mit mir knutschst, was meinst du?«

Der Mann sagt: »Hier hast du einen Kaugummi.«
Übersetzung: »Ich werde dich küssen.«

Der Mann sagt: »Der Abend ist so schön, lass uns doch einen Spaziergang machen.«
Übersetzung: »Ich möchte dir kein Taxi bezahlen.«

Der Mann sagt: »Wow! Ist das aber schon spät!«
Übersetzung: »Wow! Du hast Mundgeruch.«

Der Mann sagt: »Kann ich nicht noch eine Minute mit reinkommen?«
Übersetzung: »Ich muss mal ganz dringend aufs Klo und ich wette, dein Bad ist viel sauberer als meins.«

Der Mann sagt: »Hmmm. Es ist gefährlich, bei diesem Regen Auto zu fahren.«
Übersetzung: »Du kommst doch allein nach Hause, oder?«

Der Mann sagt: »Sicher rufe ich dich an.«
Übersetzung: »Die Chancen, dass du je wieder was von mir hörst, stehen genauso gut wie die, dass Elvis dich anrufen wird.«

Der Mann sagt: »Ich hatte heute Abend wirklich viel Spaß.«
Übersetzung: »Du bist nicht mal halb so langweilig, wie du aussiehst.«

Geschenke im Männerland
und was sie bedeuten

Wenn Touristen auf Hawaii ankommen, werden sie von wunderschönen Hulatänzerinnen begrüßt, die ihnen Blumenketten um den Hals hängen.

Wenn Touristen nach Japan kommen, gibt man ihnen winzige Tassen mit einer tödlichen Dosis Sake. Wenn man im Männerland ankommt, bekommt man gar nichts.

Aber wenn man die Einwohner dieses faszinierenden Landes näher kennengelernt hat, ist es nicht unüblich, dass man irgendein Geschenk von einem besonders liebenswürdigen Gastgeber bekommt. Das ist ein weiterer Versuch des Mannes, die Aufmerksamkeit einer Touristin auf sich zu ziehen … oder zumindest ihr an die Wäsche gehen zu können.

Geschenke sagen einiges über die Persönlichkeit des Mannes aus. Man sollte Bescheid wissen.

Blumen

Sie riechen gut. Sie sehen schön aus. Und sie sagen so viel … aber was genau sagen sie?

1. **Eine einzelne Rose:** »Ich habe diesen besonderen Anlass total vergessen, aber zum Glück hat der Typ an der Imbissbude die zu jeder Bratwurst dazugeschenkt.«

2. **Ein Strauß Nelken:** »Ich fühlte mich genötigt, dir etwas zu kaufen, so dass ich nicht wie ein Geizkragen dastehe. Und das hat das Budget noch hergegeben.«

3. **Ein Dutzend kurzstielige Rosen, die noch nicht blühen:** »Ich hab dich wirklich gern, aber nicht gern genug, um doppelt so viel für die Rosen mit den langen Stielen auszugeben, von denen wir beide wissen, dass du die Stiele eh abschneiden würdest, damit sie in die Vase passen.«

4. **Ein Dutzend aufgeblühte kurzstielige Rosen:** »Ich hab dich echt gern und ich bin zu einem speziellen Floristen gegangen, um diese Rosen zu kaufen, so dass sie perfekt blühen, wenn wir heute Nacht Liebe machen.«

5. **Ein Dutzend kurzstielige Rosen mit ein paar welken Blütenblättern:** »Ich mag dich wirklich und ich bin zu einem besonderen Floristen gegangen, um diese Rosen zu kaufen, aber dann habe ich sie aus Versehen über Nacht im Auto gelassen.«

6. **Ein Dutzend langstielige Rosen, die noch nicht blühen:** »Ich glaube, ich verliebe mich gerade in dich.«

7. **Ein Dutzend aufgeblühte langstielige Rosen:** »Ich weiß, dass ich mich gerade in dich verliebe.«

8. **Ein Dutzend langstielige Rosen mit ein paar welken Blütenblättern:** »Ich habe gedacht, dass ich dich liebe, und deshalb bin ich ausgeflippt. Darum ziehe ich mich ein bisschen zurück, um nachzudenken, und hoffe, dass du mich für ein paar Tage in Ruhe lässt.«

9. **Ein Dutzend langstielige Rosen mit einer Karte, die an eine andere Frau adressiert ist:** »Ups.«

Schmuck

Er glänzt. Er ist teuer. Und er sagt: »Ich denke an dich.« Aber was genau denkt der Mann?

1. **Plastikring aus einem Kaugummiautomaten:** »Ich dachte, das ist nur ein One-Night-Stand – und jetzt weiß ich nicht, wie ich aus der Sache wieder rauskommen soll.«

2. **Muschelkette:** »Ich war ohne dich im Urlaub, habe aber daran gedacht, dir etwas mitzubringen.«

3. **Versilberter Anhänger in Form eines Fußballs:** »Wenn das mit uns was Ernstes werden soll, musst du dich intensiv mit meinen Interessen beschäftigen.«

4. **Versilberter Anhänger mit deinen Initialen:** »Ich weiß, dass dein Name mit diesen Buchstaben beginnt … und das ist auch schon alles, was ich über dich weiß.«

5. **Bettelarmband ohne Anhänger:** »Du bist bezaubernd, aber ich bin mir nicht sicher, wie sehr ich dich mag.«

6. **Der klassische goldene Herzanhänger:** »Ich mag dich sehr, weiß aber immer noch nicht, wer du wirklich bist, also habe ich einfach dieses Sonderangebot hier gekauft.«

7. **Klassischer goldener Herzanhänger mit deinem Geburtsstein:** »Ich mag dich so sehr, dass ich mich nicht nur an deinen Geburtstag erinnere, sondern mich auch erkundigt habe, welcher Geburtsstein ihn repräsentiert.«

8. **18-karätiger Goldanhänger mit einem Zirkon ohne Initialen:** »Ich finde, du bist hübsch und klug und ich denke, aus uns könnte was werden, aber ich hoffe inständig, dass du nicht merkst, dass der Diamant nicht echt ist.«

9. **18-karätiger Goldanhänger mit einem Zirkon und Initialen:** »Ich mag dich, mache mir aber Sorgen, dass du nicht klug genug bist, dich immer an deine Initialen zu erinnern, also hier sind sie für den Fall, dass du dich mal verläufst oder Amnesie hast.«

10. **18-karätiger Goldanhänger mit einem Diamanten und einer Gravur:** »Ich meine es wirklich ernst mit dir und du machst jetzt besser diese Sex-Sache, über die wir geredet haben, denn der Anhänger war richtig teuer.«

11. **Etwas aus dem Schmuckkästchen seiner Mutter:** »Ich denke ernsthaft darüber nach, um deine Hand anzuhalten, aber wenn wir uns trennen, will ich es zurückhaben.«

Verschiedenes

Diese Dinge sind gewöhnlich, sie sind unpersönlich … Aber sind sie das wirklich?

1. **Eiskratzer:** »Ich habe nicht vor, länger in deiner Nähe zu bleiben, aber ich mag dich genug, um mir um deine Sicherheit im Winter Gedanken zu machen.«

2. **Mütze und Schal:** »Du bist für mich wie eine Schwester und deine Frisur ist mir völlig egal.«

3. **Der klassische Teddybär:** »Ich habe keine Fantasie und kenne dich noch nicht so gut, aber ich kann bestimmt ein kreativer Mensch werden – also gib mir bitte eine Chance.«

4. **Duftkerze:** »Ich möchte dich überall berühren und dich Dinge fühlen lassen, die du noch nie gefühlt hast … während ich Strom spare.«

5. **Obstkorb:** »Das hat mir jemand geschenkt und ich habe keine Verwendung dafür.«

6. **Eine CD, die du schon hast:** »Ich versuche, aufmerksam zu sein, mache mir aber überhaupt keine Gedanken über deine persönlichen Vorlieben.«

7. **Eine CD einer Band, die du nicht leiden kannst, die er aber toll findet:** »Ich möchte mit dir zusammen sein, brauche aber einen Anreiz.«

8. **Rundreise durch Jamaika für eine Person:** »Ich finde, du wirkst ein bisschen gestresst. Ich mache mir Sorgen um dich und möchte, dass das mit uns funktioniert, also schicke ich dich in den Urlaub, damit du dich neu sammeln kannst und als liebenswerterer Mensch zurückkommst.«

9. **Reise nach Jamaika für zwei:** »Ich meine es ernst und ich möchte, dass wir diese Reise zusammen machen ... Außerdem muss ich ein Drogengeschäft abwickeln.«

10. **Ein einfaches Flugticket nach Jamaika für eine Person:** »Ich mache mir ernsthaft Sorgen, dass du so gestresst bist, dass du dich umbringst, also möchte ich, dass du nach Jamaika auswanderst und nie wieder zurückkommst.«

KAPITEL 5

Paarungsrituale im Männerland

»Hab keinen Sex, Mann. Das führt nur zum Küssen und schon bald musst du auch mit ihnen reden.« Steve Martin

Touristen, die in fremde Länder reisen, haben oft bestimmte Bedürfnisse, die gestillt werden müssen. Ein Tourist im Rollstuhl, der nach Paris reist, braucht ein Hotel mit einer Zufahrtsrampe. Ein Vegetarier, der nach Argentinien fährt, möchte auf der Karte des Zimmerservices neben den Steaks auch gedünstetes Gemüse finden. Und wirklich unsportliche Menschen, die in die Schweizer Alpen fahren, brauchen supergeduldige Skilehrer, die auf der Piste aufpassen, dass sie sich in einem Schneesturm nicht zu Tode stolpern. Und du? Auch du hast besondere Bedürfnisse, während deines Aufenthalts im Männerland. Vielleicht ist es das Verlangen, mit einem Einheimischen leidenschaftlich Liebe zu machen, so dass du zu Hause damit prahlen kannst, dass du flachgelegt wurdest.

Aber bevor du mit irgendeinem der Einheimischen Körperflüssigkeiten austauschst, musst du einige Nachforschungen anstellen. Man würde ja auch nicht ohne Insektenspray durch den Regenwald von Yucatán ziehen oder ohne ein Handbuch, das einem sagt, welche Spinnen tödlich sind und welche nur tödlich aussehen. Genauso wenig sollte man losziehen und den ultimativen Orgasmus suchen, ohne die Grundlagen des Männerland-Sex zu kennen.

Die Geschichte des Männerland-Sex

Das Männerland hat eine der größten Bevölkerungen der Welt vorzuweisen. Es hat so viele Einwohner pro Quadratmeter, dass China und Indien daneben direkt ausgestorben wirken. Im Laufe der Geschichte haben unbedeutende Flecken Erde wie Nauru und Tuvalu sich erfolglos abgemüht, ihre jeweiligen Bevölkerungszahlen in die Höhe zu treiben, während das Männerlandvolk nicht aufhören konnte, sich zu vermehren. Dies ist darauf zurückzuführen, dass der Mann sich pausenlos dem Beischlaf widmet – ein unbezähmbares Verlangen, das von seiner ständigen Angst, von Nachbarländern vernichtet zu werden, herrührt. Infolgedessen agierte der Urmann im Glauben, dass die Macht der männlichen Zivilisation nur sichergestellt werden könne, wenn er sein Ding immerzu in das Ding der Urfrau stecke und so kleine Männer produziere. Und das tat er. Und so kam es zu einer Bevölkerungsexplosion.

Schließlich bekam Männerland den Ruf, eine Weltmacht zu sein, und der Fortpflanzungsdruck verschwand. Mit Erfindung des Kondoms, der Pille und der Vasektomie erkannte der Mann, dass der Geschlechtsakt noch einen anderen Zweck erfüllte: Es fühlte sich einfach verdammt gut an! Es dauerte nicht lange und Sex diente im Männerland mehr der Erholung als irgendetwas anderem. Und darum sind die Paarungsrituale des Männerlandes für Frauen schwerer zu begreifen als Einsteins Relativitätstheorie.

Stellungen und ihre Bedeutungen

Ein Besuch auf dem Eiffelturm ist wahrscheinlich die bleibendste Erinnerung, die man von einer Reise nach Paris mit nach Hause nimmt. Das Highlight eines Ausflugs ins Männerland ist der Geschlechtsverkehr mit einem Einheimischen. Es ist eine Ehre für eine Touristin, eine vergnügliche Fahrt im männerländischen Zug der Liebe mitzumachen, bevor sie wieder nach Hause reist.

Aber die Welt des Männerland-Sex ist so verwirrend wie das Rezept für Schwarzwälder Kirschtorte. Für den Mann hat Sex eine ganz andere Bedeutung als für die Frau. Während diejenigen unter uns, die das Glück haben, zum weiblichen Geschlecht zu gehören, dazu tendieren, durch Sex tiefe Zuneigung zu einem anderen menschlichen Wesen auszudrücken, hat der Mann Sex, weil es sich gut anfühlt und man sich damit gut die Zeit vertreiben kann.

Jede sexuelle Stellung, die der Mann dir vorschlägt, sagt eine Menge über ihn und seine Absichten aus. Je schneller du lernst, zu entschlüsseln, was sein Vorschlag, dich wie eine Elfe anzuziehen und am Deckenventilator aufzuhängen, in emotionaler Hinsicht zu bedeuten hat, desto leichter kannst du entscheiden, ob dies eine Touristenattraktion ist, für die du Schlange stehen möchtest.

Hündchenstellung (auch bekannt als der Knochen / der Bello): Der Mann will Sex, aber nicht notwendigerweise mit dir.

Missionarsstellung (auch bekannt als die faule Methode / das halbe Nickerchen): Der Mann möchte dich während des Liebesspiels küssen, befürchtet aber, du seist schwerer, als du aussiehst.

Du bist oben (auch bekannt als der Korkenzieher): Der Mann möchte dir den besten Orgasmus deines Lebens bescheren, aber gleichzeitig dich in die Brustwarzen zwicken können, falls ihm langweilig wird, während er darauf wartet, dass du fertig wirst.

Löffelchenstellung (auch bekannt als das An-dir-kleben): Der Mann möchte dich langsam und leidenschaftlich lieben, aber ohne dabei völlig wach sein zu müssen.

Umgekehrte Hündchenstellung, bei der du einen Strap-on trägst (auch bekannt als die Unvoreingenommenheit): Der Mann hinterfragt seine Sexualität.

Du liegst auf dem Rücken auf dem Küchentisch mit deinen Beinen über den Schultern des Mannes (auch bekannt als die Essensglocke): Der Mann möchte beim Orgasmus in deine Augen schauen und danach einen leichten Snack zu sich nehmen.

Auf dem Fußboden (auch bekannt als Fegen): Der Mann ist in der Stimmung für harten Sex und sein Bett hat Hausstaubmilben.

69 (auch bekannt als Yin Yang): Der Mann ist ein so friedliebendes Wesen, dass er beim Sex mit dir das Yin-Yang-Zeichen nachstellen möchte.

Du bist mit Handschellen an das Bett gefesselt (auch bekannt als der Täter / die Geisel): Der Mann hat Angst, verlassen zu werden.

Der Mann nimmt einen Hamster mit ins Bett (auch bekannt als das Nagetier): Der Mann ist gerade Mitglied bei PETA geworden.

Du beugst dich über seinen Schreibtisch (auch bekannt als Überstunden): Der Mann ist mit seiner Arbeit hintendran.

An einer Wand im Stehen, angezogen (auch bekannt als Custers letzte Schlacht): Der Mann ist von seiner Begierde überwältigt und kann es nicht abwarten, mit dir zu schlafen … außerdem braucht er Hilfe beim Aufhängen des Bildes über deinem Kopf, das immer wieder schief hängt.

Du bist oben, schaust aber in Richtung der Füße des Mannes (auch bekannt als der umgedrehte Korkenzieher): Der Mann liebt die Silhouette deines Rückens im Mondlicht … und außerdem hätte er gerne eine Fußmassage von dir.

An einer Wand von hinten (auch bekannt als das zermatschte Gesicht): Der Mann ist geil, findet aber, dass du Mundgeruch hast.

Mannsprech während des Sex

Erinnerst du dich daran, wie du mit deiner Freundin einen Crashkurs in Spanisch gemacht hast und ihr dann nach Puerto Rico geflogen seid, um das Gelernte anzuwenden? Aber als ihr in San Juan ankamt und versucht habt, Spanisch zu sprechen, hat euch niemand verstanden. Der Grund dafür war, dass ihr nicht den hiesigen Dialekt gesprochen habt. Es gibt sie in den meisten Ländern – seltsame Varianten der jeweiligen Landessprache, die von den Einwohnern bestimmter Regionen gesprochen werden.

Wenn der Mann an Sex denkt, verändert sich nicht nur sein Körper merklich, sondern seine Sprache wandelt sich ebenfalls. Nachdem er eine geraume Zeit gelallt hat, verfällt der Mann unweigerlich in einen jahrhundertealten Dialekt, den man als Sex-Mannsprech bezeichnet. Diese Mundart ist ganz anders als das normale Mannsprech und zu allem Überfluss gibt es dazu drei verschiedene Untermundarten: präkoitales, intrakoitales und postkoitales Mannsprech. Wenn auch nur die geringste Möglichkeit besteht, dass du dich für den Mann ausziehst, solltest du alle drei Dialekte draufhaben. Es wird dir nützlich sein – mehr als du dir vorstellen kannst – und dich davor bewahren, reingelegt zu werden, während du flachgelegt wirst.

Präkoitales Mannsprech

Präkoitales Mannsprech wird während der Evaluationsphase des Männerlandsex benutzt. Diesen Dialekt benutzt der Mann, wenn er abwägt, welche Chancen er bei dir hat. Jede Frage, die er dir stellt, ist insgeheim so gestaltet, dass er damit herausfinden kann, wie weit du gehen würdest. Das Ziel der Anwendung des präkoitalen Mannsprech ist es, dich zu bezaubern. Dich in Sicherheit zu wiegen. Deine Schutzmechanismen zu schwächen. Der Mann glaubt vielleicht, dass er seine Absichten gut verbergen kann. Aber das ist ganz und gar nicht der Fall!

Der Mann sagt: »Lass dich umarmen.«
Übersetzung: »Lass mal fühlen, ob deine Brüste echt sind.«

Der Mann sagt: »Setzen wir uns doch für einen Moment auf das Sofa.«

Übersetzung: »Das Sofa ist lang genug, dass ich dich bequem darauf flachlegen könnte.«

Der Mann sagt: »Dein Haar riecht wunderbar.«
Übersetzung: »Gut, keine Anzeichen für Körpergeruch.«

Der Mann sagt: »Ich möchte die Sache langsam angehen.«
Übersetzung: »Ich zähle bis drei und dann fasse ich deine linke Brust an.«

Der Mann sagt: »Ich interessiere mich wirklich für dich.«
Übersetzung: »Ich interessiere mich wirklich sehr dafür, wie du nackt aussiehst.«

Der Mann sagt: »Ich fühle mich dir wirklich verbunden.«
Übersetzung: »Ich verspüre das starke Bedürfnis, meinen Penis in deine Vagina zu stecken.«

Der Mann sagt: »Bist du gegen irgendetwas allergisch?«
Übersetzung: »Bist du gegen Latex allergisch?«

Der Mann sagt: »Ich muss erst diese äh … Vitamine nehmen.«
Übersetzung: »Ich hoffe, du hast nicht gesehen, dass ›Viagra‹ auf der Packung stand.«

Der Mann sagt: »Ich habe Schuhgröße 46.«
Übersetzung: »Ich habe ein Gemächt wie ein Pferd.«

Der Mann sagt: »Ich war schon lange mit niemandem mehr zusammen.«
Übersetzung: »Ich war seit gestern mit niemandem zusammen.«

Der Mann sagt: »Die Kette ist schön.«
Übersetzung: »Ich kann nicht aufhören, auf deinen Busen zu starren.«

Der Mann sagt: »Du scheinst eine wirklich starke Frau zu sein, die weiß, was sie will, und das finde ich total attraktiv.«
Übersetzung: »Ich frage mich, ob du bereit wärst, dich von oben bis unten in Leder zu kleiden und mich auch mal richtig auszupeitschen.«

Der Mann sagt: »Kannst du mir bitte mal das Kissen geben?«
Übersetzung: »Mist! Ich habe einen Ständer!«

Der Mann sagt: »Ist das da an deiner Lippe eine Fieberblase?«
Übersetzung: »Ist das Herpes???«

Der Mann sagt: »Darf ich dir noch etwas nachschenken?«
Übersetzung: »Je betrunkener du bist, desto leichter wird es für mich.«

Der Mann sagt: »Im Gegensatz zu anderen Typen bin ich nicht nur an Sex interessiert.«
Übersetzung: »Wie die anderen Typen interessiere auch ich mich nur für Sex.«

Der Mann sagt: »Du hattest sicher schon viele Partner, oder?«
Übersetzung: »Wie viele Geschlechtskrankheiten hast du dir im letzten Jahr eingefangen?«

Der Mann sagt: »Es ist ganz schön warm hier. Ich werde die Heizung runterdrehen.«

Übersetzung: »Oh Mann, ich kann schon fast deine Nippel durch das Shirt sehen.«

Der Mann sagt: »Bist du Halbitalienerin?«
Übersetzung: »Du siehst aus, als könntest du viel Körperbehaarung haben.«

Der Mann sagt: »Fühlst du dich wohl bei mir?«
Übersetzung: »Fühlst du dich wohl genug, um mit mir Dinge vor der Kamera zu machen?«

Der Mann sagt: »Ich war nur mit drei Frauen zusammen.«
Übersetzung: »Ich war mit 3000 anderen Frauen zusammen und habe einfach ein paar Nullen weggelassen.«

Der Mann sagt: »Ich könnte stundenlang mit dir hier sitzen und nur reden.«
Übersetzung: »Ich könnte stundenlang mit dir hier sitzen und reden ... solange ich mir sicher sein kann, dass wir am Ende Sex haben werden.«

Der Mann sagt: »Ich habe keine homosexuellen Erfahrungen.«
Übersetzung: »Ich habe keine homosexuellen Erfahrungen, die ich zugeben würde.«

Der Mann sagt: »Ich möchte dich nicht drängen ...«
Übersetzung: »Ich gebe dir noch fünf Minuten, bevor ich von hier verschwinde.«

Der Mann sagt: »Ich möchte einfach nur neben dir liegen und deinen Atem spüren.«

Übersetzung: »Wenn ich dich in die horizontale Lage bringe, kann ich deine Hose leichter ausziehen.«

Der Mann sagt: »Lass uns in die Küche gehen und einen Happen essen.«
Übersetzung: »Ich bin ein Psychopath und mache ekelhafte Dinge mit Küchengeräten.«

Der Mann sagt: »Ich möchte dich wirklich gern besser kennenlernen.«
Übersetzung: »Ich möchte dich wirklich gern nackt sehen.«

Intrakoitales Mannsprech

Wenn du dem Mann dann in deinem Boudoir grünes Licht gegeben hast, verfällt er in die zweite Phase des Sex-Mannsprech: intrakoitales Mannsprech.

Zu diesem Dialekt geht er in dem Augenblick über, in dem die Unterwäsche den Boden berührt und die Verhütungsmittel rausgeholt werden. Intrakoitales Mannsprech dient dem Mann dazu, seine, ähm, Unzulänglichkeiten zu verbergen und sich mit seinen Fähigkeiten zu brüsten.

Egal, mit wie vielen Touristinnen der Mann schon Karussell gefahren ist, er hat keinen blassen Schimmer davon, was du, die neue und einschüchternde Touristin, im Bett magst oder nicht magst. Alles, was er also während dieser schweißtreibenden und holprigen Angelegenheit sagt, hat die Funktion, dich zu ergründen … während er dich abtastet.

Schlagfertige Antworten

Hin und wieder wird der Mann nach dem Sex etwas sagen, das dermaßen grob und beleidigend ist, so überaus unsensibel, dass du es ihm einfach nicht durchgehen lassen kannst und solltest. Hier ein Beispiel:

Der Mann sagt: »Ich würde ja gern über Nacht bleiben, aber ich muss morgen ganz früh raus.«

Deine Antwort: »Ja, ich würde dir auch gern einen blasen, aber ich muss morgen ganz früh raus.«

Der Mann sagt: »Ich möchte dir so nahe wie möglich sein.«
Übersetzung: »Lass uns auf das Kondom verzichten.«

Der Mann sagt: »Bekommst du deine Periode regelmäßig?«
Übersetzung: »Du nimmst doch die Pille, oder?«

Der Mann sagt: »Du hast da aber ein großes Muttermal.«
Übersetzung: »Scheiße! So sieht eine Genitalwarze also aus?«

Der Mann sagt: »Ich leide am Karpaltunnelsyndrom.«
Übersetzung: »Ich bekomme deinen BH beim besten Willen nicht auf.«

Der Mann sagt: »Du hast tolle Brüste.«
Übersetzung: »Wie viel haben die Dinger gekostet?«

Der Mann sagt: »Ich mag eigentlich keine Blowjobs.«
Übersetzung: »Deine Zähne sehen ziemlich scharf aus.«

Der Mann sagt: »Würdest du mich bitte für einen Moment entschuldigen?«
Übersetzung: »Ich muss mal kurz verschwinden und die Pumpe benutzen, die ich im Internet bestellt habe.«

Der Mann sagt: »Vielleicht sollten wir es nicht überstürzen.«
Übersetzung: »Ich bin so was von nervös.«

Der Mann sagt: »Lass deine Stiefel an. Das ist sexy.«
Übersetzung: »Deine Füße stinken.«

Der Mann sagt: »Ich bin so heiß auf dich, lassen wir doch das Vorspiel weg.«
Übersetzung: »Ich wünschte, du hättest dir die Beine rasiert.«

Der Mann sagt: »Es ist ein bisschen kalt hier, findest du nicht?«
Übersetzung: »Mein Penis ist echt klein.«

Der Mann sagt: »Lass es uns unter der Dusche machen.«
Übersetzung: »Deine Achseln riechen unangenehm.«

Der Mann sagt: »Machen wir doch das Licht aus.«
Übersetzung: »Ich habe einen ziemlich behaarten Leberfleck auf dem Rücken und ich will nicht, dass du den siehst.«

Der Mann sagt: »Wow, dein Hund ist echt lieb.«
Übersetzung: »Bitte sag deinem Hund, dass er aufhören soll, meinen Hintern zu lecken.«

Der Mann sagt: »Schließ deine Augen und entspann dich.«
Übersetzung: »Starre mich nicht an. Das macht mich nervös.«

Der Mann sagt: »Oh, ich will dich auf mir, Baby.«
Übersetzung: »Gott, meine Arme fallen mir bei der Missionarsstellung ab.«

Der Mann sagt: »Fühlt sich das gut an?«
Übersetzung: »Gib ein paar Geräusche von dir, damit ich weiß, dass du noch lebst.«

Der Mann sagt: »Machen wir eine Pause.«
Übersetzung: »Ich glaube, ich habe eine Leistenzerrung.«

Der Mann sagt: »Ich mag es, in der Stille Liebe zu machen.«
Übersetzung: »Kannst du bitte aufhören zu reden?«

Der Mann sagt: »Riechst du das auch?«
Übersetzung: »Hast du einen fahren lassen?«

Der Mann sagt: »Ich habe Durst.«
Übersetzung: »Mir steckt ein Schamhaar im Rachen.«

Der Mann sagt: »Ich liebe dich so sehr.«
Übersetzung: »Oh, *bitte* schluck es … bitte *schluck* es.«

Der Mann sagt: »Was denkst du eigentlich über die derzeitige Wirtschaftslage?«
Übersetzung: »Ich komme jetzt, wenn ich nicht augenblicklich an etwas anderes denke.«

Der Mann sagt: »Ich glaube, es hat geklingelt.«
Übersetzung: »Kannst du dich ein bisschen beeilen? Meine Zunge wird langsam müde.«

Der Mann sagt: »Oh ja, Baby, du willst doch kommen.«
Übersetzung: »Warum dauert das so lange?«

Der Mann sagt: »Ja! Ja! Ja!«
Übersetzung: »Ja! Ja! Ja!«

Postkoitales Mannsprech

Nachdem der Mann und du Spaß beim Übereinanderherfallen hattet (wobei ihr wahrscheinlich auch ein paar internationale Gesetze verletzt habt), wirst du Zeuge der letzten Stufe des Sex-Mannsprech werden: postkoitales Mannsprech. Dieser Abschnitt ist auch als die leistungsorientierte Phase bekannt, hier ist der Mann am verletzlichsten. Er ist körperlich ausgepowert, geistig verwirrt und emotional verunsichert.

Mit jeder Äußerung versucht der Mann, herauszufinden, was du von seinem Auftritt hältst, und Schadensbegrenzung für die Bereiche, in denen er vielleicht versagt hat, zu betreiben. Das ist kein schöner Anblick, meine Damen. Diese Phase ist normalerweise der Grund, warum wir uns noch einmal mit dem Mann abgeben: um ihm eine zweite Chance zu geben.

Der Mann sagt: »War es gut für dich?«
Übersetzung: »Wie war ich im Vergleich zu deinen anderen Partnern?«

Der Mann sagt: »Was denkst du über Abtreibungen?«
Übersetzung: »Ähm, das Kondom ist gerissen.«

Der Mann sagt: »Wow, das war grandios.«
Übersetzung: »Wow, ich war grandios.«

Der Mann sagt: »Es ist gefährlich für eine Frau, sich zu überanstrengen.«
Übersetzung: »Du machst wohl Witze? Mehr geht nicht!«

Der Mann sagt: »Du warst eben ganz schön laut.«
Übersetzung: »Hast du es vorgetäuscht?«

Der Mann sagt: »Komm, wir machen es noch mal.«
Übersetzung: »Ich glaube, ich habe den letzten Teil irgendwie versaut.«

Der Mann sagt: »Deine Freundinnen und du, redet ihr über intime Sachen?«
Übersetzung: »Wenn du mit ihnen über das hier redest, was wirst du sagen, wie groß mein Schwanz war?«

Der Mann sagt: »Das, was du mit deiner Zunge gemacht hast, war toll.«
Übersetzung: »Das, was du mit deiner Zunge gemacht hast, war toll und ich möchte, dass du es noch mal machst ... am besten sofort.«

Der Mann sagt: »Das war unglaublich.«
Übersetzung: »Immer, wenn ich meinen Schwanz irgendwo reinstecken kann, ist es unglaublich.«

Der Mann sagt: »Das Bett ist ziemlich klein.«
Übersetzung: »Du solltest etwas abnehmen, Schatz.«

Der Mann sagt: »Ich spring mal schnell unter die Dusche.«
Übersetzung: »Ich kuschle nicht.«

Der Mann sagt: »Ich kann leider nicht bleiben, ich muss morgen früh raus.«
Übersetzung: »Igitt! Und dabei sahst du so gut aus, als ich betrunken war.«

Der Mann sagt: »Ich ruf dich an.«
Übersetzung: »Ich ruf dich an, falls irgendein Test positiv ausfallen sollte.«

KAPITEL 6

DIE AUFENTHALTS-VERLÄNGERUNG

»Man kann den Weg nicht beschreiten, bis man selbst zum Weg wird.«
Siddharta Gautama

Du hast alle Ecken des Männerlandes erkundet, dir all die berühmten Sehenswürdigkeiten angesehen, die exquisite Küche probiert und sogar ein paar Einheimische kennengelernt. Du denkst an deine Alaska-Reise zurück. Nachdem du genug von Walspeck und Gletschern hattest, warst du bereit, die Heimreise anzutreten. Du konntest es kaum erwarten, wieder nach Hause zu fahren. Merkwürdigerweise spürst du aber einen Kloß im Hals, als sich dein Aufenthalt im Männerland dem Ende nähert. Dein Herz schlägt schneller. Warum? Weil du dich in einen Einheimischen verliebt hast, darum!

Ja, trotz seines seltsamen Verhaltens, trotz der verwirrenden Sitten und Gebräuche, trotz des abstrusen Glaubenssystems, das diese Kreatur vertritt, wünschst du dir nichts sehnlicher, als diesen Mann öfter zu sehen. Mit ihm zusammen zu sein. Ja, du hast dein Visum verlängert, um herauszufinden, ob dieser Mann für eine langfristige Beziehung geeignet ist.

Das ist ja alles ziemlich romantisch, Schätzchen, aber es gibt ein paar Dinge, die du wissen solltest, bevor du deinen Rückflug in die Heimat verschiebst und vor deinen Freundinnen damit angibst, dass du mit einem Ausländer zusammen bist.

Kleine süße Tigerbabys werden unweigerlich zu großen Raubkatzen mit wenig Geduld und langen, scharfen Krallen. Und auch der Mann verändert sich stark, wenn die Frau erst einmal in seine Welt eingedrungen ist. Er nimmt zu, legt ein paar abstoßende Gewohnheiten an den Tag, die vorher noch nicht wahrnehmbar waren, und fängt an, noch andere Formen des Männerlanddialekts zu sprechen, um dich zu verwirren.

Wenn du deine Zeit im Männerland trotzdem genießt und du ein wenig länger bleiben willst, um den Mann ein bisschen besser kennenzulernen, dann nur zu. Mach dir aber klar, worauf du dich da einlässt. Und wie du da gegebenenfalls wieder rauskommst!

Mannsprech, bevor der Mann zu deinem festen Freund wird

Er ist ein Freund in dem Sinne, dass er deine Hotel-Telefonnummer auswendig kann und dir jedes Mal Blumen mitbringt, wenn ihr euch seht. Er verbringt jede freie Minute mit dir, hilft dir, Geld zu wechseln und hat dich an seinem Stammwasserloch all seinen Freunden vorgestellt. Und doch hat dich dein neuer sogenannter »Freund« noch nicht mit seinen Eltern bekannt gemacht oder dir erlaubt, Klamotten in seiner Wohnung zu lassen. Ganz offensichtlich mag er dich zu sehr, um mit dir Schluss zu machen, aber nicht genug, um deine Tamponpackung in sein Bad zu stellen. Er möchte für dich da sein – er weiß nur noch nicht, wie sehr. Wenn man nicht versteht, was er sagt, kann einem die Anpassung an die männliche Kultur recht schwerfallen. Alle Experten sagen, dass Kommunikation der Schlüssel zu einer erfolgreichen Partnerschaft ist. Zum Glück hast du dieses Buch zur Hand!

Für den Mann bricht an dieser Stelle eine verwirrende Zeit an, denn er versucht, das zu tun, was er noch nie konnte: sich mit seinen Gefühlen auseinanderzusetzen. Deshalb ist die Mundart, in der sich dieser Ausbund an Verwirrtheit äußert, für Auswärtige häufig irritierend.

Der Mann sagt: »Mein Bett ist echt zu klein für zwei.«
Übersetzung: »Du kennst die Regeln: Wir schlafen miteinander und dann gehst du nach Hause.«

Der Mann sagt: »Ich kann nicht ausziehen, meine Mutter hängt so an mir.«
Übersetzung: »Ich finde es ziemlich gut, keine Miete zahlen zu müssen.«

Der Mann sagt: »Ich glaube, ich habe mich erkältet.«
Übersetzung: »Ich bekomme gleich noch Besuch von einer anderen Frau.«

Der Mann sagt: »Es ist gut, dass du eine eigene Wohnung hast, falls es in meiner Wohnung wider Erwarten mal brennen sollte.«
Übersetzung: »Du kannst *nicht* mit mir zusammenziehen.«

Der Mann sagt: »Entschuldige, ich habe gestern Abend vergessen, dich anzurufen.«
Übersetzung: »Ich habe daran gedacht, dich anzurufen, es aber nicht getan.«

Der Mann sagt: »Ich liebe … es, mit dir Filme zu gucken.«
Übersetzung: »Ich spüre diesen Stich im Herzen, wenn du nicht in meiner Nähe bist, aber ich weiß nicht, ob ich zugeben möchte, dass ich mich vielleicht gerade in dich verliebe.«

Der Mann sagt: »Urlaub? Lass uns doch einfach nur einen Tagesausflug machen.«
Übersetzung: »Ich kann dich nur in kleinen Dosen ertragen.«

Der Mann sagt: »Ich würde furchtbar gern deine Eltern kennenlernen.«
Übersetzung: »Das werde ich so lange sagen, bis wir uns trennen oder sie sterben.«

Der Mann sagt: »Gerne möchte ich mit dir übers Wochenende ans Meer fahren.«
Übersetzung: »Ich warte bis zur letzten Minute und rufe dich dann an, um dir zu sagen, dass ich krank bin.«

Der Mann sagt: »Du kannst fahren, aber mein Auto macht komische Geräusche.«
Übersetzung: »Ich werde dich nie hinters Steuer meines Wagens lassen.«

Der Mann sagt: »›Liebe‹ ist so subjektiv, findest du nicht auch?«

Übersetzung: »Liebe heißt, dass ich zusehen muss, wie du alt und fett wirst.«

Der Mann sagt: »Ich kann mir kein Handy leisten.«
Übersetzung: »Wenn ich mir ein Handy anschaffe, kannst du mich jederzeit erreichen.«

Der Mann sagt: »Ich hab dich gern.«
Übersetzung: »Ich mag dich zu sehr, um mit dir Schluss zu machen, aber nicht genug, um mit dir zusammenzuziehen.«

Der Mann sagt: »Warum bleiben wir heute Abend nicht einfach bei dir?«
Übersetzung: »Ich muss die Möglichkeit haben zu gehen, wenn mir danach ist.«

Der Mann sagt: »Ich habe eigentlich nichts im Kühlschrank.«
Übersetzung: »Bitte trink nicht mein Bier.«

Der Mann sagt: »Das Tattoo ist nur aus Henna, oder?«
Übersetzung: »Bitte sag mir, dass du dir nicht meinen Namen in die Haut hast stechen lassen!«

Der Mann sagt: »Oh, es wird gleich wärmer, Schatz.«
Übersetzung: »Wenn ich dir meine Jacke gebe, würde das heißen, dass du ein Stück von mir besitzt.«

Der Mann sagt: »Ich gehe heute mit meiner Exfreundin Mittag essen.«
Übersetzung: »Ich will herausfinden, ob es die richtige Entscheidung war, dass ich sie für dich verlassen habe.«

Der Mann sagt: »Du bist für mich die Einzige.«
Übersetzung: »Du bist für mich die Einzige, aber ich schau mich noch weiter um.«

Der Mann sagt: »Ich bin unheimlich gern mit dir zusammen.«
Übersetzung: »Ich bin manchmal unheimlich gern mit dir zusammen.«

Der Mann sagt: »Ich würde dir wirklich gern meine Kreditkarte geben, aber ich habe keine.«
Übersetzung: »Du könntest mein Konto leer räumen.«

Der Mann sagt: »Ich fürchte, ich kann am Samstag nicht zur Hochzeit deiner Freundin mitkommen.«
Übersetzung: »Ich will nicht, dass du auf dumme Gedanken kommst.«

Der Mann sagt: »Hey, ich ruf nur an, um dir zu sagen, dass du deine Haarspange bei mir vergessen hast.«
Übersetzung: »Ich vermisse dich.«

Der Mann sagt: »Tut mir leid, mein Badezimmerschrank ist total voll.«
Übersetzung: »Du kannst deine Zahnbürste nicht hierlassen.«

Der Mann sagt: »Kann ich die Fernbedienung wiederhaben?«
Übersetzung: »Oh mein Gott! Ich verliere die Kontrolle über mein Leben!«

Der Mann sagt: »Definiere ›langfristig‹ …«
Übersetzung: »Oh Mist, wo bin ich da nur reingeraten?«

Der Mann sagt: »Wie wäre es, wenn wir uns statt eines Welpen einen 14-jährigen Streuner zulegen?«
Übersetzung: »Ich kann höchstens für sechs Monate oder so eine Bindung eingehen.«

Schlagfertige Antworten

Hin und wieder hört der Ich-will-mich-noch-nicht-festlegen-Mann mit dem Unsinn auf und nennt die Dinge beim Namen. Er baut darauf, dass du seine Ehrlichkeit zu schätzen wissen wirst. Solltest du diese »Ehrlichkeit« zu spüren bekommen, sei auch ganz »ehrlich«.

Der Ich-will-mich-noch-nicht-festlegen-Mann sagt: »Ich schätze, ich bin einfach noch nicht bereit für eine feste Beziehung.«

Deine Antwort: »Ach so? Ich schätze, ich bin dann wohl einfach noch nicht bereit, mit dir zu schlafen.«

Der Mann sagt: »Wow! Du hast aber viel Zeug in deiner Handtasche.«
Übersetzung: »Oh Gott, sieht so aus, als wolltest du eine ganze Woche bleiben.«

Der Mann sagt: »Meine Eltern sind tot.«
Übersetzung: »Meine Eltern sind gesund und munter und leben im Saarland, aber du wirst sie niemals kennenlernen.«

Mannsprech beim Schlussmachen

Vielleicht hast du gegen die Regeln des Zusammenlebens mit einem Mann verstoßen. Oder deine scheinbar angenehme Zeit endet, weil du dich in die Männerabende eingemischt hast. Wer weiß, was in seinem Kopf abgelaufen ist.

Wie auch immer, der Mann hat jedenfalls entschieden, dass du nicht sein Ding bist. Der Mann beendet eure Affäre und bittet dich, den Ort, den du langsam als dein Zuhause angesehen hast, zu verlassen.

Wenn man von einem Mann den Laufpass bekommt, ist das, als ob man wunderschön eingepackte Hundescheiße geschenkt bekommt.

Er wird seine Zurückweisung mit so sanften und scheinbar netten, selbstkritischen Worten ausschmücken – nicht weil er ein schlechtes Gewissen hat … sondern weil er nicht stundenlang eine weinende Touristin, die um eine zweite Chance bettelt, trösten möchte. Und er will auch keine Szene in der Öffentlichkeit. Der Mann wird also alles in seiner Macht Stehende tun, um dir das Gefühl zu geben, dass es nicht deine Schuld ist. Dass er dir »einen Gefallen« tut. Wach auf. Lass dich von den netten Formulierungen, die er benutzt, nicht hinters Licht führen. Wenn dein neuer Mann einen der folgenden Sätze sagt, mach dich aus dem Staub und verschwende keine weitere Minute deiner kostbaren Zeit an diesen Verlierer.

Der Mann sagt (am Telefon): »Treffen wir uns doch heute Mittag auf einem belebten Platz.«
Übersetzung: »Treffen wir uns dort, wo viele Menschen sind und auch Polizisten, so dass du mich nicht umbringen kannst.«

Der Mann sagt: »Wir müssen reden.«
Übersetzung: »Ich muss reden und du musst still sein.«

Der Mann sagt: »Es liegt nicht an dir, es liegt an mir.«
Übersetzung: »Es liegt an dir, nicht an mir.«

Der Mann sagt: »Es gibt keine andere.«
Übersetzung: »Es gibt da eine andere.«

Der Mann sagt: »Ich bin jetzt noch nicht bereit, mich fest zu binden.«
Übersetzung: »Der Sex wird langweilig.«

Der Mann sagt: »Ich komm morgen bei dir vorbei, um zu sehen, ob es dir gut geht.«
Übersetzung: »Ich muss meine CDs abholen.«

Der Mann sagt: »Es ist besser so.«
Übersetzung: »Es ist besser für mich.«

Der Mann sagt: »Ich finde, wir sollten uns auch mit anderen treffen.«
Übersetzung: »Ich finde, ich sollte mich mit anderen treffen. Du solltest dich nie wieder mit jemandem treffen und stattdessen zu Hause sitzen und mir für den Rest deines Lebens

nachtrauern, weil ich mir dann wie ein toller Hecht vorkomme.«

Der Mann sagt: »Ich finde es wirklich nicht gut, das so kurz vor deinem Geburtstag zu machen.«
Übersetzung: »Das spart mir sooo viel Geld.«

Der Mann sagt: »Ich brauche einfach etwas Abstand.«
Übersetzung: »Du erdrückst mich.«

Der Mann sagt: »Ich muss zu mir selbst finden.«
Übersetzung: »Ich muss zu einer anderen Frau ins Bett finden.«

Der Mann sagt: »Es funktioniert einfach nicht.«
Übersetzung: »Du nervst mehr, als ich gedacht hätte.«

Der Mann sagt: »Du bist zu gut für mich.«
Übersetzung: »Ich bin zu gut für dich.«

Der Mann sagt: »Ich bin einfach noch nicht bereit, sesshaft zu werden.«
Übersetzung: »Ich bin einfach noch nicht bereit, mit dir sesshaft zu werden.«

Der Mann sagt: »Am meisten werde ich dein Lächeln vermissen.«
Übersetzung: »Am meisten werde ich den kostenlosen Sex vermissen.«

Der Mann sagt: »Ich hoffe, wir bleiben Freunde.«
Übersetzung: »Ich habe nicht vor, jemals wieder mit dir zu reden.«

Der Mann sagt: »Ich werde dich immer lieben.«
Übersetzung: »Ich werde deinen Hund immer lieben.«

Der Mann sagt: »Ruf mich einfach an, wenn du irgendetwas brauchst.«
Übersetzung: »Ich werde nicht abnehmen, wenn du anrufst.«

KAPITEL 7

Der Antrag auf Einbürgerung

»Wenn ein verheiratetes Paar die Straße entlanggeht, ist derjenige, der ein paar Schritte vorausläuft, derjenige, der verrückt ist.«
Helen Rowland

Nur ganz wenige Schottland-Urlauber werden das berühmte Monster von Loch Ness gesehen haben. Das ist ein äußerst seltenes Ereignis. Ein genauso seltenes wie auch freudiges Ereignis ist es, wenn eine Männerland-Touristin gebeten wird, Einbürgerung zu beantragen. Das bedeutet, dass sie sich in eine der am schwersten zu begreifenden Gesellschaften der Welt integriert hat und als etwas, das eine Investition wert ist, angesehen wird.

Auf jedem internationalen Flughafen der Welt müssen ankommende Reisende durch den Zoll, und auch der Mann rückt den Antrag auf Einbürgerung nicht heraus, ohne vorher umfangreiche Informationen einzuholen. Immerhin gibt er sein Vorhaben, einen

Sportwagen zu kaufen, auf, um dir einen überteuerten Diamantring zu schenken. Es ist also klar, dass er wichtige Informationen über dich sammeln muss, bevor er dich in seine Welt lässt. Er muss wissen, welche Art von Männerland-Einwohnerin du werden wirst. Er sucht Bestätigung, dass du eine Aufenthaltsgenehmigung verdient hast.

Es kommt also zum Einbürgerungstest – ein cleveres System investigativer Taktiken, mit deren Hilfe der Mann versucht, herauszufinden, ob du wirklich in seine Gesellschaft aufgenommen werden kannst. Dieser ausgeklügelte Check besteht aus einer Reihe gründlicher mündlicher Prüfungen, die es in sich haben können. Wenn du diese Aufenthaltsgenehmigung … und den reizenden Diamantring … also wirklich haben willst, solltest du pauken!

Die mündlichen Prüfungen

Im mündlichen Teil deines Einbürgerungstests musst du einige dem Anschein nach nebensächliche Fragen beantworten. Der Schlüssel zur richtigen Beantwortung dieser Fragen liegt darin, sie richtig zu *verstehen*. Das ist keine leichte Aufgabe. Seit dem unsäglichen Vorfall im Paradies, als die Frau einer direkten Anordnung von oben nicht gehorchte, traut der Mann der ganzen Bindungs-Sache nicht mehr. Er denkt, dass die moderne Frau genau wie Eva blitzschnell eine Kehrtwendung machen und sein Leben ruinieren kann. Deshalb sind die Fragen, die der Prüfer während der mündlichen Prüfung stellt, so konzipiert, dass der Mann vor jeglichen Gefahren, die von dir ausgehen könnten, gewarnt wird.

Meine Damen, der Männerland-Einbürgerungstest ist ein entsetzlich schwieriges Unterfangen. Schwieriger als der Aufnahmetest für die Uni. Aber man *kann* ihn trotzdem mit links schaffen. Man muss sich die Fragen nur genau anhören und darf keine dummen Fehler machen. Die mündliche Prüfung besteht aus drei unangekündigten Tests: dem Test zum Thema »Ich ziehe es in Erwägung, dir einen Antrag zu machen«, dem zum Thema »Ich mache dir einen Antrag« und dem zum Thema »Junggesellenabschied«. Es folgen die Prüfungsfragen, die der Mann dir höchstwahrscheinlich stellen wird, samt Übersetzung, Lösungsvorschlag und Erklärung. Die Antworten sind so konstruiert, dass sie die Verteidigungsmechanismen des Mannes lockern und gleichzeitig eine ehrliche Auskunft über dich und deine Erwartungen geben. Schauen wir uns die Prüfungen also an.

Mündliche Prüfung Nummer 1: Test zum Thema »Ich ziehe es in Erwägung, dir einen Antrag zu machen«

Der erste Teil der mündlichen Prüfung findet statt, wenn der Mann darüber nachdenkt, dir einen Antrag zu machen. Schließlich wird er seinen Schlüssel und seinen Namen nicht irgendeiner x-beliebigen Frau anbieten.

Das Männerland hat seine Tore jahrhundertelang verschlossen gehalten. Man muss also die Wachen vor den Toren überzeugen, dass jeder, der das Sicherheitssystem passiert, Vertrauen verdient und die Gemeinschaft respektieren wird. Wenn ein gefährlicher Eindringling durchschlüpft, ist der Teufel los, wie Adam vor vielen Jahren feststellen musste.

Ein Antrag auf Einbürgerung ist eine ernste Angelegenheit, aber wenn du die erste Runde überstehst, bist du dem Klunker an deiner linken Hand schon ein großes Stück näher.

Der Mann sagt: »Möchtest du dich kurz in diesem echt teuren Juweliergeschäft umsehen?«

Übersetzung: »Schauen wir mal, ob ich es mir leisten kann, dich zu heiraten oder nicht.«

Lösungsvorschlag: »Warum gehen wir vorher nicht in eine Sportbar und unterhalten uns über die Möglichkeiten.«

Warum diese Antwort richtig ist: Sie zeigt dem Mann, dass du von ihm einen guten Geschmack erwartest und dass er dir einen schönen Ring aussucht, aber auch dass du bereit bist, ihm Zeit bei der Auswahl zu lassen.

Der Mann sagt: »Was hältst du von Chers neuem Look?«

Übersetzung: »Wie weit würdest du gehen, um den Alterungsprozess aufzuhalten?«

Lösungsvorschlag: »Ich bin für Schönheitsoperationen, wenn sich eine Frau dadurch besser fühlt, aber ich würde mich ehrlich gesagt erst gar nicht gehen lassen.«

Warum diese Antwort richtig ist: Sie zeigt dem Mann, dass du seinen Sinn für Schönheit verstehst und alles in deiner Macht Stehende tun wirst, damit du noch lange Zeit reizvoll für ihn bleibst.

Der Mann sagt: »Ist eine deiner Freundinnen bi?«

Übersetzung: »Wäre eine deiner Freundinnen zu einem flotten Dreier bereit, wenn es zwischen uns langweilig wird?«

Lösungsvorschlag: »Einige sind es, aber hauptsächlich, weil sie noch nicht herausgefunden haben, wie sie einen Mann richtig befriedigen können.«

Warum diese Antwort richtig ist: Das schiebt den dummen Fantasien des Mannes einen Riegel vor, bevor sie sich richtig entfalten können, aber ohne dass du dabei eifersüchtig erscheinst.

Der Mann sagt: »Lass mich doch fahren.«

Übersetzung: »Ich fürchte um mein Leben, wenn eine Frau hinterm Steuer sitzt.«

Lösungsvorschlag: »Sicher, Liebling. Dann fahre ich zurück.«

Warum diese Antwort richtig ist: Du gibst der angeborenen Angst des Mannes, die Kontrolle zu verlieren, nach, während du ihn gleichzeitig daran erinnerst, dass es nicht immer nach seinem Willen geht.

Der Mann sagt: »Möchtest du diese Kochsendung gucken?«

Übersetzung: »Du kannst nicht kochen.«

Lösungsvorschlag: »Sicher. Bestellen wir uns danach etwas zu essen?«

Warum diese Antwort richtig ist: Sie zeigt dem Mann, dass du bereit bist zu lernen, aber nur zu deinen Bedingungen und nicht zu seinen.

Der Mann sagt: »Du stehst deinen Eltern sehr nahe, oder?«

Übersetzung: »Die Chancen stehen gut, dass wir in ihrem Testament bedacht werden, oder?«

Lösungsvorschlag: »Ja, sehr nahe. Und sie haben mit ihren begrenzten Mitteln so viel für mich getan.«

Warum diese Antwort richtig ist: Damit bringst du ihn von der Erbschaftsidee ab. Je weniger er weiß, was er bekommen könnte, falls du von einem Bären gefressen werden solltest, umso besser. Er sollte dich aus Liebe heiraten und nicht wegen des Hauses mit Swimmingpool, das er vielleicht bekommt, wenn deine Eltern den Löffel abgeben.

Der Mann sagt: »Kannst du gut mit Kindern?«

Übersetzung: »Möchtest du mal Kinder haben?«

Lösungsvorschlag: »Jedes Kind, das in einem Zuhause mit zwei liebenden Elternteilen geboren wird, weiß, dass es geliebt wird.«

Warum diese Antwort richtig ist: Sie erinnert den Mann daran, dass die Kindererziehung ein Job für zwei ist.

Der Mann sagt: »Diese Polygamisten sind echt seltsam, was?«

Übersetzung: »Ich schätze, eine Zweitfrau kommt nicht in Betracht?«

Lösungsvorschlag: »Ja, genauso seltsam wie die Amazonen, die ihre Männer bei Untreue zu Tode steinigen.«

Warum diese Antwort richtig ist: Sie zeigt dem Mann, dass Polygamie für dich Ehebruch ist – wenn er zwei Frauen braucht, brauchst du einen Liebhaber.

Der Mann sagt: »Deine Eltern scheinen ja wirklich sehr vielseitig zu sein.«

Übersetzung: »Deine Eltern scheinen wirklich total durchgeknallt zu sein.«

Lösungsvorschlag: »Ja, sie erinnern mich auch total an deine Eltern!«

Warum diese Antwort richtig ist: Je schneller du deine verrückte Familie mit seiner gleichsetzt, desto schneller kapiert der Mann, dass er nicht urteilen soll.

Der Mann sagt: »Ich will nur einen Ehevertrag, wenn du einen Ehevertrag willst.«

Übersetzung: »Oh bitte, bitte, du willst doch einen Ehevertrag!«

Lösungsvorschlag: »Ja, es ist sicher keine schlechte Idee, meinen Treuhandfonds zu schützen.«

Warum diese Antwort richtig ist: Es erinnert den Mann sanft daran, dass er dabei vielleicht mehr zu verlieren hat als du. (Auch wenn du kein Vermögen hast, lass ihn für den Rest seines Lebens daran glauben.)

Der Mann sagt: »Hat deine Mutter in letzter Zeit ein bisschen zugenommen?«

Übersetzung: »Liegt Übergewicht bei euch in der Familie?«

Lösungsvorschlag: »Möglich. Apropos, ist die Stirn deines Vaters höher geworden?«

Warum diese Antwort richtig ist: Wenn der Mann in der Ehe vorhat, jeden Makel, den der natürliche Alterungsprozess nun einmal mit sich bringt, derart zu kommentieren, sollte er lieber daran denken, dass man den Spieß auch umdrehen kann.

Der Mann sagt: »Wie wichtig sind dir Jahrestage?«

Übersetzung: »Muss ich dir jedes Jahr Schmuck schenken?«

Lösungsvorschlag: »Genauso wichtig wie dir Blowjobs sind.«

Warum diese Antwort richtig ist: Der Mann muss wissen, dass es in der Ehe um Geben und Nehmen geht: Du gibst ihm einen Blowjob … und nimmst gelegentlich ein schönes Armband dafür.

Der Mann sagt: »Nur so aus Neugier – besitzt dein Vater irgendwelche Waffen?«

Übersetzung: »Wie hoch stehen die Chancen, dass ich es überlebe, wenn ich dich betrüge?«

Lösungsvorschlag: »Ja, und wenn er schießt, dann trifft er.«

Warum diese Antwort richtig ist: Gleich nach der Kommunikation kommt die Angst als Schlüssel zu einer glücklichen Ehe.

Der Mann sagt: »Ich wette, es wird Abende geben, an denen du möchtest, dass ich mit den Jungs ausgehe und du deine Ruhe hast, oder?«

Übersetzung: »Ich bring mich um, wenn ich mich nicht mindestens einmal die Woche sinnlos betrinken kann, um deiner Gegenwart zu entkommen.«

Lösungsvorschlag: »Absolut. Das sind die Abende, an denen ich mich mit meinen Exfreunden treffen werde.«

Warum diese Antwort richtig ist: Der Mann glaubt komischerweise, dass er der Einzige ist, der etwas Freiraum braucht. Er kann seine Pokerabende noch mal überdenken, wenn er daran erinnert wird, dass deine Vergangenheit noch nicht so lange zurückliegt.

Mündliche Prüfung Nummer 2: Test zum Thema »Ich mache dir einen Antrag«

Wenn du die erste mündliche Prüfung mit Bravour bestanden hast, geht es in die nächste Runde.

Die zweite Stufe des Männerland-Einbürgerungstests ist die Prüfung zum Thema »Ich mache dir einen Antrag«, die durchgeführt wird, wenn der Mann vor dir niederkniet und dir einen Ring schenkt – das Männerland-Äquivalent einer vorläufigen Aufenthaltsgenehmigung.

Die Betonung liegt auf *vorläufig* – der Mann kann den Ring genauso schnell wieder in seiner Tasche verschwinden lassen, wie er ihn dir an den Finger stecken kann. Eine falsche Bewegung und du bist raus. Vermassle es also nicht. Es wäre eine Schande, so weit gekommen zu sein und dann wieder nach Hause geschickt zu werden, nur weil man zu faul zum Lernen war.

Der Mann sagt: »Lass uns irgendwohin gehen, wo wir ungestört sind.«

Übersetzung: »Ich ändere vielleicht in letzter Minute meine Meinung und brauche einen schnellen Fluchtweg.«

Lösungsvorschlag: »Sicher. Irgendwohin, wo es schön hell ist, damit ich sehen kann, was du in dem Kästchen da hast.«

Warum diese Antwort richtig ist: Der Mann ist nicht der Einzige, der seine Meinung vielleicht in letzter Minute ändert. Wenn der Ring nicht groß genug ist, machst du dich aus dem Staub.

Der Mann sagt: »Möchtest du ähm … äh … mhm … meine Frau werden?«

Übersetzung: »Mir ist klar geworden, dass ich eh nichts Besseres als dich finden werde.«

Lösungsvorschlag: »Lass mich einen Augenblick darüber nachdenken.«

Warum diese Antwort richtig ist: Sie zeigt dem Mann, dass auch du deine Zweifel hast, hält aber die Tür für Verhandlungen offen.

Der Mann sagt: »Was hältst du davon, zusammen alt zu werden?«

Übersetzung: »Was würdest du dazu sagen, wenn ich dich in ein Pflegeheim stecke, sobald du zu einer Belastung wirst?«

Lösungsvorschlag: »Ich möchte mit dir bis zum Ende zusammen sein.«

Warum diese Antwort richtig ist: Sie zeigt dem Mann, dass die Ehe für dich etwas Endgültiges ist. In Gesundheit und Krankheit, in Jugend und im Alter – und zwar auch im ganz, ganz hohen Alter.

Der Mann sagt: »Willst du deinen Exfreund wirklich zur Hochzeit einladen?«

Übersetzung: »Willst du mich wirklich dazu zwingen, deinen Ex zwischen den Cocktails und Vorspeisen umzubringen?«

Lösungsvorschlag: »Ich bin mir sicher, ihr werdet einen Tag lang miteinander auskommen können.«

Warum diese Antwort richtig ist: Sie zeigt dem Mann, dass du Respekt für die Menschen aus deiner Vergangenheit hast, und wenn er dich respektiert, sollte er dasselbe tun.

Der Mann sagt: »Du wolltest doch nicht, dass ich Geld für einen wirklich teuren Ring verschwende, oder?«

Übersetzung: »Diesen Ring habe ich umsonst dazubekommen, als ich ein Sixpack Bier gekauft habe. Und jetzt habe ich noch genug Geld übrig, um mir den Flachbildfernseher zu kaufen, den ich im Auge habe.«

Lösungsvorschlag: »Ich find's toll, dass du so sparsam bist, und werde das Gleiche an deinem Geburtstag tun.«

Warum diese Antwort richtig ist: Der Mann muss wissen, dass Sparen an sich eine gute Sache ist … aber nicht, wenn es um dich geht.

Der Mann sagt: »Meinst du wirklich, dass dir dieses Hochzeitskleid steht?«

Übersetzung: »Dieses Hochzeitskleid ist zu teuer.«

Lösungsvorschlag: »Das ist das einzige Kleid, das ich in Betracht ziehe, Liebling.«

Warum diese Antwort richtig ist: Für die Frau ist der Hochzeitstag das Äquivalent zu dem, was für den Mann die Karte zum Finale der Fußballweltmeisterschaft ist. Ein lebenslanger Traum geht in Erfüllung. Ein Mann würde keine Kosten scheuen, um sich die besten Plätze für das Spiel zu sichern, und du solltest nicht mal im Traum daran denken, bei deinem Hochzeitskleid zu sparen.

Der Mann sagt: »Was hältst du davon, die Hochzeit nur im kleinen Rahmen zu feiern?«
Übersetzung: »Lass uns niemanden aus deiner Familie einladen.«
Lösungsvorschlag: »Das Gleiche, was ich von kleinen Penissen halte.«
Warum diese Antwort richtig ist: Wenn der Mann dich heiratet, heiratet er alle Menschen aus deinem Leben. Je schneller er das kapiert, desto schneller steht ihr auf derselben Seite.

Der Mann sagt: »Musst du wirklich so viel Zeit mit der Planung der Hochzeit verbringen?«
Übersetzung: »Stell mir noch eine Frage zu dieser blöden Hochzeit und ich bring mich um.«
Lösungsvorschlag: »Du hast recht. Ich darf mich davon nicht so einnehmen lassen. Und von unserer Hochzeitsnacht ... Ich werde an diesem Abend sowieso dermaßen müde sein, ich denke, ich werde es einfach geschehen lassen. Falls überhaupt etwas geschieht.«
Warum diese Antwort richtig ist: Wenn der Mann es nicht für nötig hält, sich über die Details des wichtigsten Tages deines Lebens Gedanken zu machen, lass ihn wissen, dass du *alles* dem Zufall überlassen wirst.

Reisetipp: Die Zähmung des Mannes

Der Mann wird alles tun, um den Abwasch nicht machen zu müssen. Man muss ihn durch einen Trick dazu bringen, es zu tun. Versuch, deinen Verlobungsring in den Abfluss fallen zu lassen, dann muss er an die Spüle.

Mündliche Prüfung Nummer 3: Test zum Thema »Junggesellenabschied«

Herzlichen Glückwunsch! Wenn du das liest, hast du den zweiten Teil deines Einbürgerungstests bestanden. Das bedeutet, du bist einem unbefristeten Aufenthalt im Männerland einen ganzen Schritt näher. Aber der Abend, bevor dir der Eid abgenommen wird und du als neuer Bürger aufgenommen wirst, ist eine wichtige Prüfungszeit.

Die Junggesellenparty ist ein uralter Brauch, der im Männerland schon seit Anbeginn der Zivilisation ausgeübt wird. Es ist des Mannes letztes Werk. Sein letzter Abend in Freiheit. Es ist der letzte Abend, an dem er männliche, sexistische Dinge tun kann, zum Beispiel Dinge anfassen, die er danach nicht mehr anfassen darf, und an Dingen lecken, an denen er später nicht mehr lecken darf.

Wie du auf die Bedrohung dieses Brauchs reagierst – ob du dich nun der Redensart »So sind Jungs nun mal« anschließt und den Mann in Ruhe lässt oder ob du versuchst, seine Pläne zu durchkreuzen, indem du ihn zwingst, den ganzen Abend mit seiner Mutter Bingo zu spielen –, wird dem Mann einen Blick in seine Zukunft gewähren. Die Prüfung zum Thema »Junggesellenabschied« ist für den Mann die letzte Gelegenheit, herauszufinden, was du ihm geben und was du ihm nehmen wirst.

Und nur damit du es weißt: Was passiert mit dem Ring, den du Tag und Nacht polierst, falls du diese Prüfung nicht bestehst? Er wird wieder eingezogen. Genauso wie die vorläufige Aufenthaltsgenehmigung. Und ab ins nächste Flugzeug mit dir!

Der Mann sagt: »Ist es okay, wenn ich mit den Jungs vor der morgigen Hochzeit noch ein bisschen losziehe?«

Übersetzung: »Die Jungs und ich werden in ein paar Strip-Clubs gehen und uns einen Lap-dance ansehen. Dann werden wir uns bis zur Besinnungslosigkeit betrinken, eine oder zwei Prügeleien anzetteln und uns ein paar Nutten besorgen, die alle möglichen unaussprechlichen Sachen mit uns anstellen.«

Lösungsvorschlag: »Sicher, ich vertraue dir doch.«

Warum diese Antwort richtig ist: Du gestehst dem Mann den Freiraum zu, den er braucht, erinnerst ihn aber gleichzeitig daran, dass es Grenzen gibt, die er akzeptieren muss, wenn er ein reines Gewissen haben will.

Der Mann sagt: »Leihst du mir etwas Kleingeld für den Automaten?«

Übersetzung: »Ich brauche Kleingeld für die Stripperin.«

Lösungsvorschlag: »Sicher. Warte, ich komm mit.«

Warum diese Antwort richtig ist: Sie kommt direkt zur Sache. Diese Antwort zwingt den Mann, entweder eine Beichte abzulegen oder ohne Geld für die Stripperin abzuziehen.

Der Mann sagt: »Wie sehen meine Haare aus?«

Übersetzung: »Wie werden andere Frauen meine Haare finden?«

Lösungsvorschlag: »Lass es mich so formulieren: Ich hoffe, mein Busen sieht so gut aus wie deine Haare.«

Warum diese Antwort richtig ist: Sie erinnert den Mann daran, dass du auch ein heißer Feger bist und dass seine Meinung nicht die einzige ist, die zählt.

Der Mann sagt: »Es ist dir doch egal, wann ich nach Hause komme, oder?«

Übersetzung: »Ich werde irgendwann morgen im Laufe des Tages zurück sein.«

Lösungsvorschlag: »Komm nach Hause, wann du willst. Du wirst dich doch sicher während des Abends stündlich bei mir melden.«

Warum diese Antwort richtig ist: Der Mann muss wissen, dass er seine Freiheiten hat, dir aber dabei nicht mit Respektlosigkeit begegnen darf.

Der Mann sagt: »Liebling, du weißt doch, dass ich nichts tun würde, was dich verletzt.«

Übersetzung: »Liebling, du weißt doch, dass ich dir nichts davon erzählen würde, wenn ich etwas getan hätte, was dich verletzt.«

Lösungsvorschlag: »Natürlich, Schatz. Aber was man nicht weiß, macht einen nicht heiß, nicht wahr?«

Warum diese Antwort richtig ist: Der Mann ist nicht der Einzige, der Geheimnisse hat. Auch wenn du keine hast, lass ihn in dem Glauben.

Der Mann sagt: »Eigentlich mache ich mir überhaupt nichts aus dieser Junggesellenabschiedssache.«

Übersetzung: »Mann! Ich sollte öfter heiraten!«

Lösungsvorschlag: »Dann geh doch nicht hin. Ich möchte nicht, dass du unnötig leidest.«

Warum diese Antwort richtig ist: Der Mann muss lernen, sein Wort zu halten. Und sein Eheversprechen.

Der Mann sagt: »Ich werde die ganze Zeit nur an dich denken.«

Übersetzung: »Wenn du Glück hast, erinnere ich mich noch an deinen Namen, wenn ich wieder nach Hause komme.«

Lösungsvorschlag: »Dann sollte ich vielleicht mitkommen.«

Warum diese Antwort richtig ist: Es ist witzig anzuschauen, wie der Mann für eine Weile in Panik verfällt.

Der Mann sagt: »Vielleicht sollten wir die Hochzeit etwas verschieben?«

Übersetzung: »Oh mein Gott, was habe ich mir nur dabei gedacht, anderen Frauen für den Rest meines Lebens abzuschwören?«

Lösungsvorschlag: »Ganz wie du willst. Ach ja, ich möchte mich in meiner Hochzeitsnacht übrigens wie eine Jungfrau fühlen, also kein Sex bis dahin, einverstanden?«

Warum diese Antwort richtig ist: Auf einen Schlag hast du dem Mann gesagt, dass du Besseres zu tun hast, als darauf zu warten, dass er eine Entscheidung trifft. Wenn du nicht gut genug bist, dass er dich vom Fleck weg heiratet, dann ist er nicht gut genug, dir die Klamotten vom Leib zu reißen.

Der Mann sagt: »Ist es okay, wenn die Jungs und ich heute Abend einfach rumsitzen und ein bisschen quatschen?«

Übersetzung: »Ist es okay, wenn die Jungs und ich um ein paar wirklich heiße Stripperinnen herumsitzen und dann den ganzen Abend darüber reden?«

Lösungsvorschlag: »Sicher. Ich denke, meine Freundinnen und ich werden das Gleiche machen.«

Warum diese Antwort richtig ist: Man kann den Spieß auch umdrehen, Freundchen.

Der Mann sagt: »Du glaubst mir doch, wenn ich sage, dass ich heute Abend nur ein Bier trinken werde, oder?«

Übersetzung: »Ich werde ein Bier trinken ... nach den vierzehn Schnäpsen.«

Lösungsvorschlag: »Genauso wie du mir glaubst, wenn ich sage, dass ich die Pille nehme.«

Warum diese Antwort richtig ist: Je sicherer der Mann weiß, dass du Gleiches mit Gleichem vergiltst, desto wahrscheinlicher ist es, dass er dich nicht betrügt.

Deine Vereidigungszeremonie

Wenn du diesen Abschnitt des Buches erreicht hast und immer noch im Besitz der vorläufigen Aufenthaltsgenehmigung bist, dann herzlichen Glückwunsch! Du hast den Männerland-Einbürgerungstest bestanden und wirst offiziell als Gastbürger in diesem faszinierenden Land begrüßt! Du gehörst zu den wenigen glücklichen Auswanderern aus dem Frauenland, die durch die Grenzkontrolle gekommen sind. Du bist nicht länger eine Fremde in einem fremden Land ... sondern legale Bürgerin eines befremdlichen Landes.

Die letzte Stufe des Einbürgerungsprozesses besteht darin, dass man von einem Vertreter der Männerland-Regierung vereidigt wird. Die meisten Neuzugänge machen gern ein großes Tamtam um die Vereidigung – wir schlagen also vor, dass du viele Gäste einlädst, einen Partyservice engagierst, der tonnenweise gummiartiges Hühnchen und glibberige Lachshäppchen zubereitet, und einen Kuchen besorgst, der viel besser aussieht, als er schmeckt. Und vergiss nicht die grottige Coverband, die schlechte Achtziger-Jahre-Musik spielt. Und dein Kleid, das aussieht, als bestehe es aus Toilettenpapier. Irgendwie kitschig. Aber eigentlich kann man bei diesem Ereignis viel Spaß haben. (Und du bekommst Geschenke!)

Der Eid

Wenn die Gäste sich alle auf ihre Plätze begeben haben und dein betrunkener Onkel Charlie auf den Parkplatz gebracht wurde, wo man auf die Polizei wartet, wird dir ein Beamter der männerländischen Regierung deinen Eid abnehmen. Das ist ein aufregender Augenblick. Aber lass dich von all der Pracht und Herrlichkeit nicht so einlullen, dass du nicht mehr zwischen den Zeilen lesen kannst. Während du dem Eid des Mannes lauschst, solltest du dir darüber klar werden, ob du wirklich und wahrhaftig mit dem leben kannst, worauf du dich da einlässt, denn wenn du erst einmal eine Bürgerin bist, ist es vorbei. Dann gibt es kein Zurück mehr. Zumindest nicht, ohne irgendwelche Beamten einzuschalten.

Das Eheversprechen des Mannes

Vor Gott und dieser Gemeinde (von der ich die meisten Menschen noch nie gesehen habe und deren Namen ich nicht nennen könnte) gelobe ich, dich zu lieben, zu achten und zu ehren (außer du kotzt, denn das ist eklig), bis dass der Tod uns scheidet (oder bis du stirbst oder ich mich langweile). Ich verspreche dir die Treue in guten und in schlechten Tagen (hoffe aber, dass es mehr gute als schlechte geben wird), in Gesundheit und Krankheit. Ich weiß um meine Schwächen (und glaube mir, ich habe eine Menge Schwächen), doch im Vertrauen auf Gott wage ich diesen Schritt. Ich will dir helfen und für dich sorgen (außer wenn Fußball, Eishockey, Handball oder Formel 1 läuft). Ich will zusammen mit dir Gott und den Menschen dienen, solange wir leben (und falls du fett oder hässlich werden solltest, hoffe ich auf ein kurzes Leben). Trage diesen Ring (der viel zu teuer war und im Laden viel größer aussah) als Zeichen unserer Liebe und Treue.

Das Eheversprechen der Frau (Du bist dran, du Schussel!)

Vor Gott und dieser Gemeinde (von der die meisten Menschen meine Gäste sind, denn ich habe viel mehr Freunde als du) gelobe ich, dich zu lieben, zu achten und zu ehren (ausgenommen du bekommst Potenzprobleme), bis dass der Tod uns scheidet (oder bis du stirbst oder ich mich langweile). Ich verspreche dir die Treue in guten und in schlechten Tagen (hoffe aber, dass es mehr gute als schlechte geben wird), in Gesundheit und Krankheit. Ich weiß um meine Schwächen (obwohl ich so gut wie keine habe), doch im Vertrauen auf Gott wage ich diesen Schritt. Ich will dir helfen und für dich sorgen (solange du die Spülmaschine einräumst und mit dem Hund Gassi gehst, wenn es kalt draußen ist). Ich will zusammen mit dir Gott und den Menschen dienen, solange wir leben (und falls du fett werden oder eine Glatze bekommen solltest, hoffe ich auf ein kurzes Leben). Trage diesen Ring (der nicht annähernd das ist, was ich wollte) als Zeichen unserer Liebe und Treue.

Danach wird der Männerland-Beamte Folgendes sagen:

»Willst du die hier anwesende Frau zu deiner rechtmäßig angetrauten Ehefrau nehmen, so antworte mit Ja.«

Und der Mann antwortet: »Ja.«

Übersetzung: »Jetzt komme ich da wirklich nicht mehr raus.«

Und dann wird sich der Männerland-Beamte zu dir drehen und dich fragen:

»Willst du den hier anwesenden Mann zu deinem rechtmäßig angetrauten Ehemann nehmen, so antworte mit Ja.«

Worauf du antwortest: »Ja.«

Übersetzung: »Mein Vater wird so sauer sein, wenn ich einen Rückzieher mache, nachdem er so viel für die Feier bezahlt hat!«

Der Beamte wird euch dann bitten, einander zu küssen, und euch zu »Mann und Frau« erklären. Und das war es eigentlich schon. Dann springen alle Gäste auf und jubeln, weil sie sich so für dich freuen. (Und weil es gleich etwas zu essen gibt!)

Herzlichen Glückwunsch! Und willkommen im Männerland!

KAPITEL 8

Das Leben im Männerland

»Ich für meinen Teil reise nicht, um irgendwo hinzukommen, sondern um zu reisen. Ich reise um des Reisens willen. Es geht einfach darum sich fortzubewegen.«
Robert Louis Stevenson

Es ist vollbracht. Die Hochzeitsreise ist vorbei. Deine Familienangehörigen sind alle zurück in die Heimat gereist. Die Geschenke sind ausgepackt, belächelt und in den meisten Fällen umgetauscht worden. Nun ist es an der Zeit, sich an das Leben als Mann und Frau zu gewöhnen. Du denkst an diesem Punkt, dass du deinen Mann kennst, aber glaube uns, das tust du nicht. Das Mannsprech des verheirateten Mannes erreicht eine ganz neue Stufe der Kultiviertheit und wenn es gegen dich verwendet wird, kannst du daran verzweifeln.

Ungefähr fünfzig Prozent der Neuankömmlinge im Männerland erkennen letztendlich, dass sie nicht fähig sind, sich an die neue Umgebung anzupassen, geben schließlich ihre neue Staatsbürgerschaft auf und flüchten aus dem Land. Je besser du verstehst, wie der verheiratete Mann sich ausdrückt, desto besser stehen deine Chancen, es entgegen aller Wahrscheinlichkeit doch zu schaffen.

Der Einzug in das Domizil des Mannes

Wenn du den Mann erst einmal dazu gebracht hast, sich langfristig an dich zu binden, kannst du davon ausgehen, dass du nicht länger in dem Hotel bleiben musst, das dir vierhundert Männerland-Euro für ein Mineralwasser aus der Minibar berechnet. Es ist an der Zeit, dass du deine Koffer packst, die Hotelrechnung begleichst, den Schlüssel abgibst und bei ihm einziehst. Aber es gibt ein paar Grundregeln, an die du dich halten solltest, wenn du auf dem Gebiet des Mannes wohnst. Bei einem Verstoß gegen die Regeln wirst du dich in null Komma nichts in diesem stickigen Hotelzimmer wiederfinden.

1. Widerstehe der Versuchung, eine Packung Tampons in den Badezimmerschrank des Mannes zu legen. Weibliche Hygieneartikel ängstigen diese Kreatur. Theoretisch weiß der Mann, dass du menstruierst. Aber er will wirklich nicht wissen, wann.

2. Häng keine Gardinen vor die Fenster des Mannes und leg auch keine Kissen auf sein Sofa oder stell Pflanzen

auf seine Fensterbretter. Die Faustregel lautet: Wenn es bei deiner Ankunft nicht da war, schlepp es nicht an.

3. Höre nicht den Anrufbeantworter des Mannes ab, während er nicht da ist. Denn du wirst unweigerlich eine Nachricht hören, die etwas sehr Verstörendes über den Mann preisgibt, und du wirst dir wünschen, du hättest sie nie gehört.

4. Wenn es um Dekoration geht, kommt man im Männerland nicht an einem Kompromiss vorbei. Du möchtest dein Lieblingsbild einer Babyfotografin aufhängen? Dann musst du dem Mann erlauben, sein Lieblingsfoto von Michael Schumacher aufzuhängen. Du möchtest deine Puppensammlung im Wohnzimmer aufstellen? Dann musst du dem Mann zugestehen, seine Sammlung menschlicher Knochen in einer Vitrine im Gang auszustellen.

5. Du darfst keine Nachforschungen über die geheimnisvollen Salben, Cremes und Mittelchen, die du im Badezimmer des Mannes findest, anstellen. Genau wie beim Militär gilt in Bezug auf männliche Hygieneprodukte die Anordnung »Frage nicht, sage nichts«.

6. Es ist okay, neue Sachen in den Kleiderschrank des Mannes zu hängen, aber komm bloß nicht auf die Idee, die alten zu entsorgen. Der Mann fühlt sich seinen ausgewaschenen T-Shirts, seinen ausgeleierten Unterhosen und seinen Jeans, die entweder drei Nummern zu klein oder zu groß sind, auf mysteriöse Weise verbunden.

7. Im Haus des Mannes wird es dir entweder zu kalt oder zu warm sein. Jeder Versuch, den Thermostat so einzustellen, dass du dich wirklich wohlfühlst, wird mit Verachtung gestraft werden.

Schlagfertige Antworten

Manchmal fällt es dem Mann schwer, Prioritäten zu setzen. Wenn zum Beispiel dein überaus pragmatischer Vorschlag, er solle dich bei einer besonderen Gelegenheit zum Essen ausführen, auf Widerstand stößt, wehre dich!

Der Mann mit den komischen Prioritäten sagt: »Aber heute Abend läuft doch das Spiel.«

Deine Antwort: »Dann läuft zwischen uns heute Abend wohl nichts.«

8. Der wertvollste Gegenstand im Heim des Mannes – die Sache, für die er lebt und für die er sterben würde – ist die Fernbedienung für den Fernseher. Du bekommst sie nur in die Finger, wenn der Mann entweder schläft, im Vollrausch das Bewusstsein verloren hat oder auf Arbeit ist. Wir beten für dich, dass diese Augenblicke zahlreich sein mögen.

9. Definiere deine Vorstellungen von einem »gemachten« Bett, »sauberem« Geschirr und »frischer« Milch neu. Im Männerland ist nichts, wie es sein sollte. Das ist auch hier nicht anders.

10. Wenn der Mann etwas verloren hat und dich beschuldigt, es genommen zu haben, diskutiere nicht mit ihm darüber. Einem Mann, der eine verloren gegangene Sache sucht, braucht man nicht mit vernünftigen Argumenten zu kommen. Setz dich einfach still aufs Sofa, während der Mann in Panik verfällt, flucht und den Namen des Herrn missbraucht auf seiner Suche nach dem gestohlenen Objekt, das sich am Ende genau dort befindet, wo du gesagt hast – nämlich da, wo er es hingelegt hat.

Das Mannsprech des verheirateten Mannes

Genauso wie der Mann in einen Dialekt verfällt, wenn er ein Date hat, spricht er auch oft eine besondere Mundart, wenn er verheiratet ist. Das ist nur allzu verständlich. Der Mann hat dir gerade sein Leben überschrieben. Das, was er getan hat, verwirrt ihn, und er versucht möglicherweise durch einen geheimen Code oder eine manipulative Verbaltaktik etwas von der Macht zurückzuerobern, die er seiner Meinung nach verloren hat, als du eingebürgert wurdest. Wenn du verstehst, was der Mann wirklich sagt, habt ihr beiden vielleicht eine Chance, es bis zur goldenen Hochzeit zu schaffen. Wahrscheinlich eher nicht. Aber es kann doch nicht schaden, Träume zu haben, oder?

Der Mann sagt: »Alles, was du sagst, Liebling.«
Übersetzung: »Bitte halt den Mund.«

Der Mann sagt: »Deine Freundin scheint nett zu sein.«
Übersetzung: »Deine Freundin ist total heiß!«

Der Mann sagt: »Nein, ich finde deine beste Freundin überhaupt nicht attraktiv.«
Übersetzung: »Deine Freundin ist viel heißer als du, aber sie ist eine Nummer zu groß für mich.«

Schlagfertige Antworten

Der Mann ist nicht gerade für seine Feinfühligkeit bekannt. Warum solltest du es dann sein?

Der verheiratete Mann sagt: »Du hast ein paar Kilo zugenommen.«

Deine Antwort: »Ja, das ist der Effekt, den langweiliger Sex auf den Körper einer Frau hat.«

Der Mann sagt: »Ich mache den Abwasch.«
Übersetzung: »Ich lasse den Hund das Geschirr ablecken und stelle es dann wieder in den Schrank.«

Der Mann sagt: »Ich prüf nur mal eben den Ölstand.«
Übersetzung: »Ich prüf nur mal eben den Ölstand … dann wechsle ich alle vier Reifen, überhole den Motor, fummle am Vergaser herum, ersetze die Stoßdämpfer, lackiere das Auto in einer neuen Farbe und wenn ich dann noch Zeit habe, werde ich den Sitzen eine Leopardenfellpolsterung verpassen.«

Der Mann sagt: »Ich muss den Kopf freikriegen.«
Übersetzung: »Ich werde masturbieren.«

Der Mann sagt: »Natürlich habe ich dich vermisst.«
Übersetzung: »Du warst weg?«

Der Mann sagt: »Ich mag deine Freunde.«
Übersetzung: »Ich mag deine Freunde ... diejenigen, die uns nie besuchen.«

Der Mann sagt: »Natürlich habe ich ein Glas benutzt.«
Übersetzung: »Du würdest es nicht glauben, wie weit ich den Milchkarton in meinen Hals stecken konnte.«

Der Mann sagt: »Wow, die Brustvergrößerungen werden auch immer billiger.«
Übersetzung: »Warum sind deine Brüste nur so klein?«

Der Mann sagt: »Hey, da hat ein neues Wachsstudio aufgemacht!«
Übersetzung: »Du brauchst einen Rasentrimmer, um die Haare über deiner Oberlippe zu entfernen.«

Der Mann sagt: »Sicher, Liebling.«
Übersetzung: »Ich habe dir eben überhaupt nicht zugehört.«

Der Mann sagt: »Nein, du bist nicht dick.«
Übersetzung: »Ja, du bist dick.«

Der Mann sagt: »Ich denke gerade nach.«
Übersetzung: »Meine Gedanken schweifen ab.«

Der Mann sagt: »Ich werde daran denken.«
Übersetzung: »Ich werde nicht daran denken.«

Der Mann sagt: »Erinnere mich daran.«
Übersetzung: »Erinnere mich daran, damit ich es trotzdem vergessen, aber dir die Schuld geben kann, weil du mich nicht daran erinnert hast.«

Der Mann sagt: »Nein, deine Mutter hat nicht angerufen, als du nicht da warst.«
Übersetzung: »Ja, deine Mutter hat angerufen und ich habe meine Stimme verstellt, so dass sie dachte, sie hätte die falsche Nummer gewählt.«

Der Mann sagt: »Ich habe gesagt, ich bringe den Müll raus!«
Übersetzung: »Ich habe nicht vor, den Müll rauszubringen, und werde ihn im Haus vor sich hinschimmeln lassen, bis der Gestank so unerträglich ist, dass du ihn selbst rausbringst.«

Der Mann sagt: »Ich habe das Bett gemacht.«
Übersetzung: »Ich habe die Kissen hin und her geschoben.«

Der Mann sagt: »Ich kann den Pokerabend absagen, wenn du das möchtest.«
Übersetzung: »Ich bringe dich um, wenn du mir die eine Sache wegnimmst, die mir dabei hilft, nicht durchzudrehen.«

Die Zähmung des Mannes

Wenn eine Touristin in ihrem Hotel ankommt, prüft sie zuerst, ob ihr Zimmer sauber ist. Wenn es ihren Anforderungen nicht genügt, stapft sie wieder nach unten zum Empfang und verlangt ein anderes Zimmer.

Als Bürgerin des Männerlandes hast du die gleichen Rechte. Du musst nur ein wenig mehr dafür kämpfen. Der Mann sieht von Natur aus keine Notwendigkeit für Hausarbeit. Überlässt man ihn sich selbst, wird er es zulassen, dass sein dreckiges Geschirr vor sich hinschimmelt, dass sich im Badezimmer Algen vermehren und dass das Essen im Kühlschrank vergammelt. Aber da du nicht so immun gegen die zahlreichen Gesundheitsrisiken dieses Landes bist wie der Mann, empfiehlt es sich, die Umgebung wenn möglich zu desinfizieren.

Der Mann wird sich nur angewöhnen, seine schmutzige Unterwäsche in den Wäschekorb zu schmeißen, anstatt sie zusammengeknüllt zwischen den Sofakissen oder auf der Anrichte in der Küche liegen zu lassen, wenn man ihn zwingt. Angst ist dabei ein geeignetes Hilfsmittel.

Mithilfe eines ausgeklügelten Systems von Aktion und Reaktion kannst du dem Mann beibringen, deine Gesundheit nicht zu gefährden.

Was der Mann macht – Und wie man ihn davon abhalten kann

Er spült die Toilette nicht.
Lass ein Tampon in die Kloschüssel fallen.

Er lässt schmutziges Geschirr in der Spüle stehen.
Bring es in sein Auto.

Er lässt seine dreckige Unterwäsche auf der Couch liegen.
Weigere dich, deine auszuziehen.

Er lässt seine geschnittenen Zehennägel auf deiner Seite des Bettes liegen.
Lass deine auf seiner Seite des Bettes liegen.

Er schmeißt seine nassen Handtücher aufs Bett.
Nimm sein Handtuch aus dem Bad, während er unter der Dusche steht.

Er benutzt das Geschirrhandtuch, um sich die Nase zu putzen.
Putz dir deine mit seinem Lieblingsfußballtrikot.

Er rülpst am Esstisch.
Rülpse beim Sex.

Er benutzt deine Zahnbürste, um seine Schuhe zu putzen.
Benutze seine Zahnbürste, um deine Schuhe zu putzen.

Er macht nie die Shampooflasche zu.
Schraub den Verschluss seiner Wasserflasche auf.

Das Mannsprech des streitenden verheirateten Mannes

Wenn einem in Südamerika von einer Bande Straßenräuber, die für einen kolumbianischen Drogenbaron arbeiten, die Brieftasche gestohlen wird, kann man hysterisch werden. Und die gleiche Hysterie können Streitereien im Männerland auslösen. Um nicht die Schuld für das, was er falsch gemacht hat, auf sich nehmen zu müssen, manipuliert und verdreht der Mann die Wahrheit. Es ist schon lustig – der Mann denkt sich nichts dabei, sich in einer Kneipe mit einem Mitglied der Hell's Angels um eine Schale Erdnüsse zu prügeln oder einen anderen Mann zu Brei zu schlagen, weil dieser seine Lieblingsfußballmannschaft beleidigt hat. Aber wenn es darum geht, es im Kampf der Geschlechter mit der Frau aufzunehmen? Ja, dann hat der Mann Angst. Er wird jede erdenkliche verbale Taktik anwenden, um Konfrontationen zu vermeiden und sich schleunigst aus der Affäre zu ziehen. Mit anderen Worten, er ist ein echter Hasenfuß. Um faire Rahmenbedingungen zu schaffen, wenn man in eine Konfrontation mit einem Einheimischen verwickelt wird, ist es sehr hilfreich, wenn man den Schwachsinn, den der Mann von sich gibt, durchschaut.

Schlagfertige Antworten

Wenn der Mann Mist gebaut hat, wird er nur selten dazu stehen. Warum also solltest du das tun?

Der verheiratete Mann sagt: »Ich schwöre, dass ich unseren Jahrestag nicht vergessen habe.«

Deine Antwort: »Und ich schwöre, dass ich nicht vergessen habe, dir das Spiel aufzunehmen.«

Der Mann sagt: »Was habe ich denn gemacht?«
Übersetzung: »Mist, ich wurde erwischt.«

Der Mann sagt: »Du hast bestimmt deine Tage.«
Übersetzung: »Du bist eine wütende, wahnsinnige Zicke. Und das machst du jeden Monat mit mir.«

Der Mann sagt: »Ähm.«
Übersetzung: »Wie lange wird das dauern?«

Der Mann sagt: »Lass gut sein.«
Übersetzung: »Diese Runde werde ich ganz sicher nicht mehr gewinnen.«

Der Mann sagt: »Grrr.«
Übersetzung: »Ich verstehe deinen Standpunkt, aber ich bin mit der Art, wie du ihn ausgedrückt hast, nicht einverstanden.«

Der Mann sagt: (nichts)
Übersetzung: »Ich sehe, dass es absolut keine Möglichkeit gibt, hier rauszukommen. Und ich habe wirklich keinen blassen Schimmer, was ich falsch gemacht haben soll. Ich habe keine Ahnung, wovon du redest oder wie ich mich da rauswinden kann. Also werde ich einfach nur die Wand anstarren und beten, dass ich ins Koma falle.«

Der Mann sagt: »Na und?«
Übersetzung: »Ich weiß nicht, was ich sonst sagen soll.«

Der Mann sagt: »Komm, wir vertragen uns wieder.«
Übersetzung: »Komm, wir schlafen miteinander.«

Der Mann sagt: »Du wirst noch einen Herzinfarkt bekommen, wenn du dich nicht beruhigst.«

Übersetzung: »Das Spiel fängt gleich an. Wenn du also einfach für ein Weilchen in ein anderes Zimmer gehen könntest. Das wäre spitze.«

Der Mann sagt: »Du solltest mich doch daran erinnern!«

Übersetzung: »Du solltest mich doch 400 Mal daran erinnern und nicht nur 399 Mal, wie du es getan hast.«

Der Mann sagt: »Beruhige dich.«

Übersetzung: »Sprich leiser. Es starren uns schon alle an und ich schäme mich gerade, mit dir hier gesehen zu werden.«

Reisetipps: Die Mutter des Mannes

Egal, wie gemein sie ist, du darfst niemals schlecht über die Mutter des Mannes reden. Seine Loyalität gegenüber seiner Mutter ist unerschütterlich. Der Mann wird dich ihr nie vorziehen ... vor allem, weil er zu viel Angst hat.

Der Mann sagt: »Ich habe keine Ahnung, wovon du redest.«

Übersetzung: »Ich weiß genau, wovon du redest, möchte aber nicht, dass du weißt, dass ich das tue, weil ich hoffe, dass du die Sache vergessen und mich in Ruhe lassen wirst.«

Der Mann sagt: »Du spinnst doch.«

Übersetzung: »Du spinnst doch.«

Der Mann sagt: »Entschuldige, dass ich nicht so *perfekt* bin wie du!«

Übersetzung: »Dein Geschlecht hat doch den verbotenen Apfel gegessen und die Menschheit ins Unglück gestürzt, also mach mal halblang!«

Der Mann sagt: »Diesen Mist muss ich mir nicht anhören.«

Übersetzung: »Ich muss mir diesen Mist anhören, weil ich nirgendwo anders hingehen kann, aber ich werde so tun, als ob ich eine Wahl hätte und mir diesen Mist nicht anhören müsste, und vielleicht glaubst du es ja und lässt mich in Ruhe.«

Der Mann sagt: »Ich verstehe gar nicht, worüber du dich so aufregst.«

Übersetzung: »Ich verstehe nicht, warum du nicht bis zur Werbung warten kannst, um mit mir zu streiten.«

Der Mann sagt: »Du reagierst über.«

Übersetzung: »Wenn du jetzt schon so reagierst, was zur Hölle passiert dann erst, wenn du die wirklich schlimmen Sachen herausfindest, die ich gemacht habe?«

Der Mann sagt: »Es tut mir leid.«

Übersetzung: »Es tut mir nicht leid, ich sage das nur, damit du endlich den Mund hältst.«

Der Mann sagt: »Ich schwöre, dass ich sie nicht angesehen habe.«

Übersetzung: »Natürlich habe ich sie angesehen, wie könnte ich nicht? Ihre Möpse waren so groß wie Wassermelonen.«

Der Mann sagt: »Setz dich erst einmal hin und hole tief Luft.«
Übersetzung: »Du stehst vor dem Fernseher.«

Der Mann sagt: »Natürlich höre ich dir zu.«
Übersetzung: »Ich hör dir so was von gar nicht zu.«

Der Mann sagt: »Ich verspreche dir, es das nächste Mal besser zu machen.«
Übersetzung: »Ich mache morgen früh mit dir Schluss.«

Der Mann sagt: »Du bist wie deine Mutter.«
Übersetzung: »Du bist wie Satan.«

Der Mann sagt: »Hä?«
Übersetzung: »Ich höre, dass du mich in voller Lautstärke anschreist, und sehe, wie du mit den Armen herumfuchtelst wie eine Verrückte, aber ich kann deine Aussagen mithilfe meines Intellekts nicht verarbeiten, weil ich dein delphinartiges Gequieke vor ungefähr zwanzig Minuten ausgeblendet habe.«

Der Mann sagt: »Habe ich nicht!«
Übersetzung: »Habe ich, aber ich werde es nicht zugeben.«

Der Mann sagt: »Du hast nicht immer recht.«
Übersetzung: »Ich habe dich noch nicht dabei ertappt, wie du unrecht hattest, aber eines Tages …«

Der Mann sagt: »Ich glaub's nicht, dass du jetzt wieder davon anfängst!«
Übersetzung: »Mein Gott, vergisst du denn *nie* etwas?!«

Der Mann sagt: »Du hast recht und ich unrecht.«
Übersetzung: »Ich schlafe heute Nacht auf der Couch, oder?«

Der Mann sagt: »Ich werde es nie wieder tun.«
Übersetzung: »Ich werde es auf jeden Fall wieder tun.«

Der Mann sagt: »Ich verstehe nicht, was dich so aufregt.«
Übersetzung: »Ich verstehe nicht, warum du den Fernseher ausschalten musstest, um mich anzuschreien.«

Zum Schluss

Da hast du sie also. Alle relevanten Informationen, die du brauchst, um deine Reise ins Männerland sicher und gewinnbringend zu gestalten. Du hast etwas über die männliche Kultur, die Sitten und Gebräuche, die Sprache, die Paarungsrituale und vieles mehr gelernt. Nimm die Hinweise und Reisetipps ernst und du wirst deine Reise in das geheimnisvollste Land der Welt nicht nur überleben, sondern sie tatsächlich genießen! Also pack die Koffer und mach dich auf die Socken! Deine Zukunft wartet auf dich – und wir können es nicht abwarten, zu sehen, ob diese Zukunft Boxershorts oder Slips tragen wird.

Um dich für deine bevorstehende Reise richtig in Stimmung zu bringen, folgt hier die Nationalhymne des Männerlandes, die in folgender Tonart … ach, egal.

Wir sind Männer.
Männliche Männer.
Wir rülpsen und furzen.
Und sind was für Kenner.

Wir haben Mundgeruch.
Und eine hohe Stirn.
Wir stehen auf Frauen.
Aber ohne Hirn.

Unsere Bindungsangst
kann nichts erschüttern.
Und wir sagen nie »Nein«
Zu unseren Müttern.

Wir denken an Sex.
Ganz unverwandt.
Außer wir denken
an den Spielstand.

Wir sagen dort
und meinen hier.
Und geloben Treue
den Steaks und dem Bier.

Ja, wir sind Männer.
Männliche Männer.
Wir rülpsen und furzen.
Und sind was für Kenner.

Okay, es ist vielleicht nicht sehr poetisch. Aber was hast du denn von dem Geschlecht mit dem Y-Chromosom erwartet?

Bon Voyage!

DANKSAGUNG

Wenn es in meinem Leben nicht einige besondere Menschen geben würde, wäre ich vielleicht nicht Autorin geworden, sondern würde in einem Mauthäuschen auf dem New York State Thruway arbeiten. Ich bin den folgenden Menschen zu ewigem Dank verpflichtet, weil sie mir geholfen haben, da hinzukommen, wo ich heute bin – wo auch immer das sein mag:

Ich danke meinem Vater und meiner Mutter, Jeff und Jennifer Grambs, die perfekte Eltern waren, mich inspirierten und mir immer Mut machten. Wenn ich nur ein halb so toller Mensch werde wie sie, bin ich glücklich und zufrieden. (Wenn nicht, dürfen sie mich zur Adoption freigeben.) Ich danke meinem Mann, Tommy Schwing, den ich bei der Recherche zu diesem Buch genau beobachtet habe. Er ist ein richtiger Mann unter Männern. Danke an Citadel Press und besonders an Danielle Chiotti, weil sie das Schreiben des Buches vom Anfang bis zum Ende zu einer wunderbaren Erfahrung gemacht hat – jeder Autor sollte dieses Glück haben. Ich bedanke mich bei Grace Freedson, meiner ebenfalls wundervollen Agentin, die meine Karriere mit Witz und Verstand gefördert hat. Ich danke den Mitgliedern des New York Friars Club – es gibt einfach keinen schöneren Ort auf der Welt. Und zum Schluss danke ich meinen unvergleichlichen Freunden und demjenigen, der die Post-its erfunden hat.

Die Autorin

Alison Grambs ist die Verfasserin von *The Smart Girl's Guide to Getting Even*, *Totally Silly Jokes*, *Crazy Christmas Jokes*, *Hilarious Halloween Jokes* und *Nutty Names Knock-Knocks*. Mit *ER! – Der Mann* erobert sie nun endlich auch Deutschland. Neben ihrer Leidenschaft für witzige Bücher begeistert sie außerdem die Schauspielerei. Sie trat in *Chicago City Limits* und dem Musical *Annie* auf. Alison Grambs spielte auch in einer Reihe von Werbespots mit, die nie jemand gesehen hat. Sie hat das Haverford College besucht und lebt heute mit ihrem Ehemann in New York.

Alison Grambs
ER! – DER MANN
Ein liebevoller Leitfaden

ISBN 978-3-89602-850-1
Genehmigte Lizenzausgabe © der deutschen Übersetzung:
Schwarzkopf & Schwarzkopf Verlag GmbH, Berlin 2008

Übersetzung aus dem Amerikanischen: Madeleine Lampe | Titelbild: © farfalla – photocase.com | Bildbearbeitung: Natalie Reed |

KATALOG
Wir senden Ihnen gern kostenlos unseren Katalog.
Schwarzkopf & Schwarzkopf Verlag | Abteilung Service
Kastanienallee 32, 10435 Berlin
Telefon: 030 – 44 33 63 00 | Fax: 030 – 44 33 63 044

INTERNET | E-MAIL
www.schwarzkopf-schwarzkopf.de
info@schwarzkopf-schwarzkopf.de